JN065908

大学で学ぶ
東北の歴史

東北学院大学文学部歴史学科 [編]

吉川弘文館

プロローグ

●●●●●●●●●●●●●

　本書は、大学などにおいて、東北の歴史を学ぶためのテキストとして利用することを念頭に編集したものです。東北といえば、かつては辺境地域というイメージから、歴史的にも後進地域と評されることがしばしばありました。しかし、各地における地道な研究の蓄積により、そうしたイメージは刷新され、極めて豊かな東北史像が描かれるようになりました。東北の歴史に関する研究書や論文、新書などの一般書は、近年においても多数刊行され、注目されています。それだけ、東北の歴史に対する人々の興味関心の高さがうかがえます。

　そうした状況の一方で、東北の歴史を通史的に、かつわかりやすくコンパクトにまとめたものは、これまで意外にもなかったのではないでしょうか。私たち歴史学科の教員は、日々の授業において東北の歴史をテーマに取り上げることが多いのですが、それぞれの専門分野に関するテキストや参考文献は指定できるものの、東北の歴史全体を理解するための手軽な入門書のような参考文献は、なかなか挙げることができませんでした。

　そうしたところ、吉川弘文館から、既刊の『大学でまなぶ日本の歴史』の東北版を、とのご依頼をいただきました。東北地方に根付き、地域貢献を柱の一つとしている東北学院大学文学部歴史学科としては、またとない貴重なご依頼でした。同時に、日本史・アジア史・ヨーロッパ史・考古

学・民俗学・図書館情報学の教員が総勢17名在籍する、全国的に見ても教員構成が極めて充実している歴史学科の教育研究の成果を示す絶好の機会とも捉え、お引き受けしました。

　執筆にあたっては、大学で使用するテキストのレベルにするということや、なるべく通史的に描くことを意識しました。その一方で、各教員の専門を活かしたテーマ的な叙述も数多く取り入れることによって、本学歴史学科ならではの個性を出すことも試みました。東北の歴史の本ですので、日本史・考古学・民俗学の教員が執筆の中心となりましたが、コラムを設けてアジア史・ヨーロッパ史、そして図書館情報学の教員にも執筆してもらいました。また、本書の最後に、東日本大震災に関する「特論」を設けました。まだ十分には歴史化していない事象ですが、やはり東北地方の歴史を考えるうえで避けては通れない課題ですので、後世への「証言」としての意味も込めて、ややイレギュラーな形でまとめさせてもらいました。このことも含め、執筆・編集の過程で、必ずしも予定通りとならなかった部分もありますが、それでも歴史学に関するあらゆる分野の教員が多数在籍している歴史学科ならではの、個性的なテキストができあがったのではないかと思います。

　本書を通じて、大学生の皆さんには、高校までとは違う大学で学ぶ歴史学の一端に触れつつ、東北の歴史をより深く学んでいってほしいと思います。また、中学生や高校生の皆さん、さらには広く東北の歴史に興味関心をお持ちの方々にも、東北の歴史ってこんなに豊かで面白いんだと実感してもらえることができたら嬉しいです。

　歴史学科では、本書に執筆した内容はもちろんのこと、東北の歴史に限らない幅広い内容の講義・演習を実施しています。また、各ゼミでは教室を抜け出して、歴史の舞台となった現地でのフィールドワークも実施して

おり、その調査研究活動の成果は、併設の東北学院大学博物館において展示しております。さらに、一般の方々を対象とした公開講座・各種シンポジウムも随時実施しております。本書を読んで、東北学院大学文学部歴史学科に興味をお持ちになりましたら、ぜひ歴史学科の門戸を叩いてみてください。教員一同、皆さんを心から歓迎いたします。

　本書は、歴史学科編としては『歴史のなかの東北』(河出書房新社、1998年。当時は「史学科」編) に次ぐ2冊目の書籍ですが、この約20年間にはいろいろなことがありました。なかでも特筆すべきことは、言うまでもなく東日本大震災でした。東北地方に甚大な被害をもたらした東日本大震災ですが、人々の暮らしはもちろん、身近な有形・無形の文化財も大きな被害に見舞われています。復興事業にともない消滅していった遺跡は数知れませんし、原発事故の影響でそもそも立ち入ることすらできない場所もたくさんあります。東北地方には、魅力あふれる歴史・文化が実に数多く存在していますが、それらの存在・存続自体が危機に見舞われています。それはつまり、歴史学の研究を行う前提そのものが危機的な状況になっていることを意味します。

　その一方で、各地で地域の歴史や文化に対する関心が研究者・市民を問わず高まってきており、さまざまな活動に発展していっている面もあります。歴史学科の民俗学ゼミを中心とした文化財レスキュー活動や博物館の諸活動も、その一つといえるでしょう。未曾有の大災害後の東北地方に生きるものとして、また今後急速に進む人口減少のなかで、私たちは地域の歴史と文化にどのように向き合い、新たな未来を創造していけばいいのでしょうか。本書がそのことを考えるための一助になれば幸いですし、歴史学科としても、この重くもやりがいのある課題に、今後もさまざまな形で取り組んでいきたいと思います。

目　次

II｜中世

Ⅲ | 近世

Ⅳ｜近代・現代

I

原始・古代

01.

2つの人類のグレート・ジャーニーと日本列島
旧石器時代

　最古の人類の猿人は約700万年前にアフリカでチンパンジーの祖先から進化し、アファール猿人の安定した二足歩行の証拠である足跡が約300万年前の地層に残されている。多様化した猿人の1つから最古の原人で、最初の石器製作者であるホモ・ハビリスまでの進化はアフリカだけでたどれるので、人類の起源地がアフリカであったことは確実である。これを「人類アフリカ起源説」という（図1：中橋2019図13に加筆改変）。

　その後、原人の一部はアフリカからユーラシアへ広がった。そのことを示すのが、180万年前の黒海東岸ジョージア国のドマニシ原人である。さらに、原人の中央アジア経由による東アジアへの広がりを示すのが、中国西安市の110万年前の藍田原人や河北省北西部の泥河湾盆地の約150万年前の石器である。また、インドネシアの約130万年前のジャワ原人は、インド経由での原人の東南アジアへの広がりを示している。

　東アフリカの原人は約180万年前にハンドアックスやクリーバーという特徴ある大型石器を開発し、チョッパーや球形石器というホモ・ハビリスが開発した大型石器とともに使用していた。この大型石器は中国ではもちろん、30万年前以降の韓国全土の遺跡からも発見されている。

**新人アフリカ起源説と
アジアへの広がり**

　新人の起源については、1970年代まではアフリカとヨーロッパ、アジアの原人が三地域で

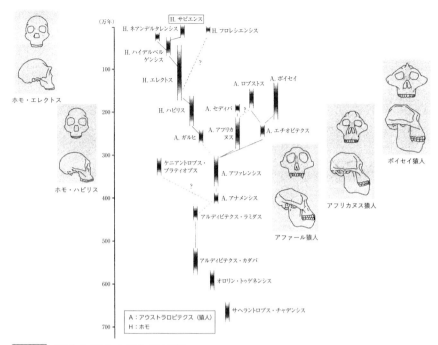

図1 猿人と原人の進化系統樹

独自に新人（ホモ・サピエンス）に進化したと考えられていた。これを「多地域進化説」という。しかし、1980年代以後は、新人への進化がアフリカでいち早く発生し、中東を経てヨーロッパとアジアへ広がり、ネアンデルタール人などの在来の人類と交代したという「新人アフリカ起源説」が完全に優勢になった（図1）。

　まず、新人の起源地のアフリカでは、エチオピアのイダルツ人や南アフリカのフローリスバット人のように新人の特徴をもつ頭骨が発見されており、その年代は15～20万年前に遡る。さらに、貝製やダチョウの卵殻製のネックレス、幾何学文を線刻した赤色顔料が、7～8万年前の南アフリカのブロンボス遺跡などで発見されたので、これらの新人特有の行動や抽象的思考も、アフリカでいち早く始まったといえる。

この新人の一部は、10万年前頃に中東へ広がったことが、化石から知られる。そして、新人は4万年前までにヨーロッパへ、またアジアへと広がった。東アジア最古の新人は、北京市周口店遺跡の田園洞地点で発見された4万年前の田園洞人である。田園洞に近い河北省涑水県で発見された涑水人は、年代が約3万年前であるが、頭骨の眼窩上隆起が発達し、下顎骨の先端にオトガイがないので、明らかに北京原人の子孫である。したがって、東アジアでも在来の古人類から新人は進化せず、新旧両人類はしばらく共存した後に、前者は絶滅したと考えてよいだろう。

日本列島への人類の到達

2000年に発覚した旧石器遺跡ねつ造事件によって、人類がいつ日本列島に渡来したかという研究は、振り出しに戻った。筆者は、岩手県遠野市の金取遺跡第III、IV文化層（9～5万年前）の斧形石器などの大型石器が目下、列島最古と考えている（佐川2002）。斧形石器は朝鮮半島にも中国にもない大型石器で、クリーバーとチョッパーを融合したような加工技術で製作されている。したがって、新人の東アジア拡散以前に列島に渡来していた古人類が開発した石器と推定される。今後の類例の増加を期待したい。

日本で公認されている最古の旧石器文化は、約3.7万年前に渡来した新人がもたらした後期旧石器時代の第一段階の文化である（図2：堤2011の25頁の図に加筆改変）。4万年前の朝鮮半島の新人（韓国のスヤンゲ遺跡第6地点）はすでに石刃技術も剝片尖頭器という槍先ももっていたのに、列島の新人は当初、発達した石刃技術やナイフ形石器という槍先をもっていなかった。これは、列島の新人が石刃技術に適した黒曜石や頁岩という割りやすい大型の石材を安定して探せなかったからであり、動物の骨や角を利用した槍先や銛先で狩猟具を補足したのであろう。

一方で列島の初期新人は、朝鮮半島や中国北方にない台形様石器（図2-①）や局部磨製石斧（図2-②）、環状ブロック、落し穴という新たな狩猟

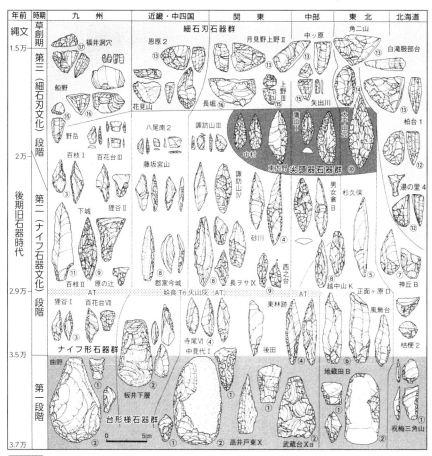

図2 日本列島の後期旧石器文化

文化をもっていた。局部磨製石斧は、列島在来の古人類が開発した前述の斧形石器を元に新人が改良した石器で、当時まだ絶滅していなかったナウマンゾウの解体に使用された、と筆者は推定する。環状ブロックは、複数の集団が円形に集合し、ナウマンゾウを共同で狩猟・解体・分配した結果残された石器の分布状態である。局部磨製石斧と環状ブロックは、本州から九州まで広く分布するが、後期旧石器時代の第一段階にしか存在しない

のは、ナウマンゾウなどの大型動物の絶滅が原因していよう。落し穴は将来、半島や大陸でも発見されるかもしれないが、第二段階以後縄文時代まで消失する理由は不明である。

ナイフ形石器文化と地域性

後期旧石器時代の第二段階は、石刃技術とナイフ形石器という槍先の発達によって特徴づけられる。列島の新人は、九州では黒曜石やサヌカイト、中国・四国・近畿ではサヌカイト、中部・関東では黒曜石、東北では頁岩、北海道では黒曜石の産地を探し当て、各地域に適した石刃技術や瀬戸内地域の重要石材・サヌカイトの節理面を利用した瀬戸内技法を発達させた。中でも石刃技術は、頻繁な移動生活において石材を効率よく利用する究極の手法であり、石刃からは簡単な加工によって狩猟具兼切断具であるナイフ形石器、皮革製品製作用のなめし具であるエンドスクレイパー、骨角器を製作するための工具である彫刻刀形石器をシステマチックに作り分けることができ、広がった。

とくに、槍先としてのナイフ形石器がもっとも重要な石器であり、突き刺さる先端部と柄に固定する基部の加工手法、そして全体の形に地域色をもったナイフ形石器が発達した。石刃を材料とする九州の九州型（図2-③）、関東・中部の茂呂型（図2-④）、中部・東北の杉久保型（図2-⑤）、東北・北海道南部の東山型（図2-⑥）のほか、北海道の広郷型（図2-⑦）、近畿・中国・四国の瀬戸内技法による国府型（図2-⑧）がある。横断面を三角形に加工する角錐状石器（図2-⑨）も槍先と推定される。仙台市の富沢遺跡保存館（地底の森ミュージアム）に保存されている氷河期の森跡は、この段階の後半にあたる。なお、ナイフ形石器文化段階の終末期には両面を加工した尖頭器が主たる槍先であった地域がある（図2-⑩）。しかし、石刃技術とナイフ形石器は、分布の南限が鹿児島県本土までであり、新人が到達していた沖縄本島（港川人）と石垣島（白保竿根原人）に

は割りやすく大型の石材がなかったので、存在しなかった。

　産地が限定される黒曜石やサヌカイト、頁岩は、地域間の交易を示す重要な資料である。蛍光Ｘ線分析によって、伊豆半島沖の神津島（こうづしま）の黒曜石が内陸各地へ運搬されたこと、したがって新人がすでに丸木船（まるきぶね）などの航海技術をもっていたこと、黒曜石が九州北部の腰岳（こしだけ）から朝鮮半島南部へ、北海道東部の白滝（しらたき）からサハリンへ運搬されていたことが判明している。朝鮮半島の狩猟具の剝片尖頭器（図2-⑪）が九州へ広がった現象は、人の移動を示し、その原因は気候の寒冷化に伴う北アジアからの人と新たな文化の大きな動きによって押し出されたことによるという説もある。この新たな文化が細石刃（さいせきじん）文化であり、2万年前前後に日本列島へも伝播する。

細石刃文化と地域性

　細石刃は超小型の石刃であり、これを主として押圧剥離する手法が細石刃技術である。複数の細石刃を骨に刻んだ溝にはめ込んで槍先やナイフとして使用する新たな狩猟具を植刃槍（しょくじんそう）・銛といい、刃部の交換が容易なことから一気に列島内に広がり、ナイフ形石器は消滅した。細石刃技術はシベリアや中国東北部からの北方経路で2.2万年前に北海道へ、中国中部からの西方経路で1.8万年前に九州や本州へ広がった（図2）。

　したがって、細石刃技術にも地域差がある。北海道では石刃が材料の峠下（とうげした）技法、蘭越（らんこし）技法（図2-⑫）による幅狭い船底（楔〈くさび〉）形細石刃核が古く、湧別（ゆうべつ）技法（図2-⑬）を経て忍路子（おしょろこ）技法と石刃が材料の広郷技法が新しく、1万年前頃まで存続した。湧別技法は荒屋（あらや）型彫刻刀形石器（図2-⑭）を伴い、1.6万年前に北海道から東北・中部へ、1.3万年前に関東へ広がり、中国地方でも散見される。本州から西では矢出川（やでがわ）技法による円柱・錐形の野岳（のだけ）・休場（やすみば）型石核（図2-⑮）や船野技法による船底形の船野型（図2-⑯）が古く、土器を伴う西海（さいかい）技法による船底形の福井型（図2-⑰）が新しい。しかし、細石刃技術は奄美（あまみ）諸島以南には広がらなかった。

北海道千歳市の柏台1遺跡では、皮革製品の着色用と推定される赤色顔料（酸化第二鉄のベンガラ）と黒色顔料（マンガン）が発見されている。赤色顔料は列島で希有な北海道知内町の湯の里4遺跡の墓にも散布されており、ネックレスやブレスレットなどのパーツである石製小玉やアジアで唯一のコハク玉が副葬されている。これらの精神文化の要素は、シベリアや中国北部の例と共通点が多い。

［参考文献］
佐川正敏「Ⅰ　日本の旧石器文化」『倭国誕生』（「日本の時代史」1、吉川弘文館、2002年）
堤　　隆『列島の考古学　旧石器時代』（新泉社、2011年）
中橋孝博『日本人の起源』（講談社、2019年）

02.

1.3万年間の盛衰を
乗り越えた縄文人
縄文時代

縄文時代初期の環境と文化の大変化

縄文時代は今から1.5万年前から2.5千年前までの1.3万年間に及び、土器の文様によって草創期、早・前・中・後・晩期の6期に区分されている。1.5〜1万年前の草創期は、後期旧石器時代から本格的な縄文時代である早期に至る過渡期にあたる。したがって、晩期旧石器時代とする説もある。

草創期には旧石器時代的な生活が大きく変化した。環境の変化でシカやイノシシ、トリなどの中小型動物が主な狩猟対象になり、狩猟具が植刃槍や両面を加工した石槍から石鏃（弓矢）へと徐々に変化していった。土器が発明されて、北海道以外の各地へと一気に広がった。焼くか生の食事に加えて煮る食事が普及し、ドングリなどの植物質食料のあく抜きが可能になり、食料の品目が激増した。その結果、定住化の度合いが高まった。

縄文人の食生活の大変革

早期には急激な温暖化で海水面がさらに上昇し拡大した。これを縄文海進という。そして、各地の海岸に食後の生ゴミである魚骨や貝殻、獣骨からなる貝塚が形成された。宮城県内にも鳴瀬川沿いの素山貝塚（美里町）や阿武隈川沿いの上川名貝塚（柴田町）がある。これは縄文人が本格的に沿岸漁労を開始した証拠であり、骨角製の釣針や銛なども発見されている。また、河川や湖沼での漁労活動も開始され、竹を篭状に編んだ漁具のドウや木を打ち込んで

魚の遡上を食い止める仕掛けのヤナが作られた。

　九州では草創期から、他の地域では早期から石皿と磨石というドングリやクリなどの堅果類を製粉する石器が普及し始めた。山形県高畠町の押出遺跡（前期）などからは、その粉を練って、加熱した石皿で焼いたクッキーが発見されている。また、クリは大粒でそのDNAが現在の栽培種と近似し、土器製作時に付着したマメ類の圧痕も形態と大きさが後期から栽培種に近似するので、縄文人はある程度の栽培を行っていたことが判る。この時に農具として使用されたのが撥形の石鍬であり、とくに中部地方で大量に使用されていた。さらに、関東地方ではトチの実を水に晒してアク抜きする井桁状の施設（水場遺構）が、西日本ではドングリを防虫・保存するために篭に入れて水漬けした貯蔵穴が発見されている。

　さらに、海水を専用の製塩土器で煮詰めて塩作りをした遺構や焼け爛れた土器が、茨城県霞ヶ浦沿岸（後期）、宮城県松島湾沿岸（晩期：宮戸島里浜貝塚など）や青森県今津遺跡（晩期）などで発見されている。塩が調味料や肉などの保存料として交易され、縄文人の食文化を一層豊かにした。

　食生活については、縄文人の骨に残存する炭素と窒素の安定同位体（^{13}Cと^{15}N）比を分析して、海産魚介類、海産大型動物、草食動物の肉、ドングリなどの堅果類の偏食状態を地域との関係で知ることができる。

縄文人の衣服と装身具

縄文人の衣服は未発見だが、材料については横紐を２本の縦糸で編み込んだ編布が参考になり、これを複数枚縫って衣服に仕上げたと推定される。編布は押出遺跡や宮城県栗原市の山王遺跡（晩期）で発見されている。また衣服を体に留めるための赤漆で染めた腰紐が、北海道恵庭市のカリンバ遺跡の土坑墓（晩期）で腐食した遺体が本来身に着けた状態で発見された。このほか、土偶とその文様が参考になる。

　装身具については、木製の櫛とかんざし、石・土・貝・木製の首飾やブ

レスレット、耳飾、ヒスイ製やコハク製のペンダント（珠）が発見されている。耳飾にはＣ字形の玦状耳飾があり、中国起源とされている。

縄文人の住居と集落

住居は長幅３〜5ｍの円形や楕円形で床面に炉を設けた木造の竪穴住居が一般的である。前・中期には長さ10ｍを越える長楕円形の大型住居があり、複数の炉があることから、集会所や共同作業所、共同住宅と推定されている。竪穴住居には防寒対策を強化した土葺きを施す事例があり、岩手県一戸町の御所野遺跡（中期）が有名であり、宮城県仙台市の山田上ノ台遺跡などでも土葺き復原住居を見学できる。

集落は、３〜5棟の竪穴住居から構成される例が一般的であり、１棟6人家族であれば、集落の人口は18〜30人程度と推定される。その人口が増加し（図5）、中期を中心に環状集落が出現する。これは外帯に生者の空間の竪穴住居群と内帯に死者の空間の土坑墓群を同心円状に配置した。住居群の外側には食料を備蓄する貯蔵穴群があり、住居群と土坑墓群の間には竪穴のない４〜6本柱だけの掘立柱（平地）建物群が環状に存在した。掘立柱建物は密に重複して建てられており、建て替えが頻繁であったので、遺体安置所と推定する説がある。環状集落では、共同墓地への埋葬を含む共同祭祀を行っていたのである。とくに、通常の竪穴住居群から構成される岩手県紫波町の西田遺跡（図3）や、長楕円形の大型竪穴住居群から構成される山形県村山市の西海渕遺跡が東北地方の典型例である。

縄文人の墓と祭祀

墓は素掘りの土坑に遺体を１体埋葬する単人葬が一般的で、屈葬と伸展葬の形式がある。また、２体以上埋葬する合葬がある（宮城県気仙沼市の田柄貝塚：後期）。さらに、骨になった遺体を掘り返して再度埋葬する再葬があり、土器棺に入れる土器棺墓（青森県五戸町の薬師前遺跡：後期）や同一土坑に２体以上の

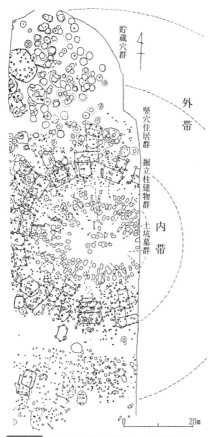

貯蔵穴群

外帯

竪穴住居群

掘立柱建物群

土坑墓群

内帯

0　　　　20m

図3 岩手県西田遺跡の環状集落

人骨を入れた事例がある。このほかに土坑を板石で囲み、蓋をする石棺墓がある（青森県西津軽郡西目屋村の水上(2)遺跡）。底に穴を開けた小児用の土器棺墓もある。

　墓地は、通時的に存在する単一の集落に隣接した墓地、前述した中期に頻出する環状集落の内帯に設置された土坑墓群からなる共同墓地、そして中期末〜後期の北・東日本で作られた環状墓地である環状列石墓と環状周堤墓がある。とくに、環状列石墓（秋田県鹿角市の大湯遺跡など）はその出現直前に隆盛していた環状集落から外帯の竪穴住居群を抜いた形態であり、集落から離れたところに作られた（図4）。複数の集落の人々がここに集合して掘立柱（平地）建物群で遺体を仮安置した後に、その内側の配石土坑墓群に葬り、その際に貯蔵穴の食料を調理して大規模な会食をし、共同葬祭を行ったと推定されている。墓は縄文人の親族関係や死生観を知る上で重要である。

　祭祀といえば、まず女性を形容した土偶による祭祀があり、草創期に始まった。これは妊娠や出産に豊かな食生活を重ね合わせ、それを祈願することが目的とされている。また、女性器を象徴する凹んだ石皿と男性器を象徴する石棒を竪穴住居の床面や石囲炉で向かい合わせに並べた祭祀（前者は長野県諏訪市の穴場遺跡：中期、後者は青森県八戸市の田面木平遺跡：

後期）にも、同様の目的があったと推定される。このように祭祀は、男性と女性の性的原理を理念のひとつとしていた。つぎに、集落内の廃品をやや離れた祭祀場へ運搬して、モノ供養やアイヌ民族の「送り」の儀式に類似する祭祀が行われていた（北海道七飯町の聖山遺跡：晩期）。縄文人も、道具を含めて万物に魂が宿り、それを祭祀において送り出してから新たな生産活動を行うという理念をもっていたのである。

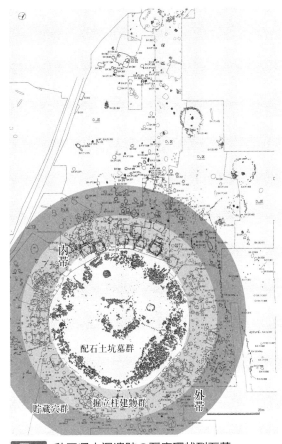

内帯

配石土坑墓群

貯蔵穴群　掘立柱建物群　外帯

図4　秋田県大湯遺跡の万座環状列石墓

埋葬や祭祀に際して、赤色顔料のベンガラ（酸化第二鉄）と辰砂（硫化水銀）は遺体に撒かれ、壺形・注口・香炉形土器や漆器を着色して祭具として多用された。赤色は、新人誕生以来、生と死と関連が深かった。

縄文時代の地域性　以上の縄文人の衣食住などの物質文化と精神文化の要素は、大きく見れば北海道から九州、沖縄本島まで共通点が多い。一方で土器の文様には、現在の「地方」ある

いはその南・北部にほぼ対応する明瞭な地域差があった。たとえば、北海道南部〜東北北部と東北南部には、北緯40度を境に2つの土器文化圏が設定されることが多い。前・中期には前者が円筒式土器文化圏、後者が大木式土器文化圏と命名されている。晩期には両者が亀ヶ岡式土器文化圏と総称されている。

縄文人の交易

縄文人は以下のような地域特有の産品を比較的平等な立場で交易していた。

石器の石材は必需品であり、各地域の大規模原産地（黒曜石：北海道や長野県、頁岩：東北、サヌカイト：瀬戸内周辺）から後期旧石器時代以上に広域に大量に交易されていた。たとえば、青森市の三内丸山遺跡の黒曜石には北海道の白滝産と長野県の霧ヶ峰産が含まれていた。また、長野県長和町の鷹山遺跡群では、隣の星糞峠から転石して地下に埋蔵された黒曜石を縄文人が採掘していたことを示す深い土坑が多数発見されている。

ヒスイ（新潟県糸魚川産）やコハク（岩手県久慈産）、イモ貝（鹿児島県奄美諸島以南産）は、原産地が限られるある種のブランド品で、色や光沢への縄文人の強い嗜好性が広域で共有され、交易された。たとえば、ヒスイ製とイモ貝製のペンダントのような希少品を身に着けられたのは、集落のリーダーや長老のような人物だったと推定されるので、中期以後にソフトな権威付けとしての威信財が現れたといえる。

アスファルトは、秋田〜新潟県の沿岸部の小規模な油田地帯に限って採集でき、後期以後に北日本各地で接着剤として使用された。石鏃を矢柄に固定する、土偶の破損部位を修復することなどが容易になった。

土器製塩については、既述したように後期に霞ヶ浦沿岸で、晩期に松島湾沿岸や津軽半島沿岸でも開始され、塩が交易されていたことは、塩作り用の無文で赤変した製塩土器が内陸でも発見されていることから判る。

赤色顔料のベンガラは青森県深浦町などに、辰砂は中央構造線沿いの徳

島県の加茂宮ノ前遺跡などに原産地があり、器物の着色、葬送と祭祀に使用された。前者は東日本で、後者は西日本で主体的に交易された。

縄文人の対外交流

縄文文化は北では宗谷海峡、西では朝鮮海峡、南では慶良間海峡に隔てられた北海道から九州、沖縄本島までの範囲内におおむね安定して分布していた。北海道とサハリン島、沿海州との間、九州北部と対馬、朝鮮半島南部との間では人と文化の往来があったが、本州まで広く影響を与えるものではなかった。

たとえば早期の北海道では、石刃から石鏃や石槍を作る石刃鏃文化が沿海州やサハリン島から渡来した。石刃鏃文化の土器は、北海道在地の貝殻・沈線文を主体とする尖底土器とは異なり、沿海州と共通する角棒の先端や縄文を押圧する平底土器であった。石刃鏃文化は北海道東部に主に分布したが、早期後半段階の文化の間をぬって南部の長万部町の富野3遺跡まで南下し、在地文化との融合も散見される。

つぎに、九州北西部沿岸では前期に外洋性漁労用の大型の結合式釣針が使用された。これは同時期の櫛目文土器の段階の朝鮮半島南東部沿岸から伝えられた。九州北西部沿岸では中〜後期に骨角製の軸に両面を加工した三角形と長方形の鋸歯縁石器をはめ込んだ結合式銛が発明され、朝鮮半島南部沿岸でも使用された。朝鮮海峡をはさんでの広域的漁労活動における人的交流、漁具に関する技術交流が展開していたのである。

さらに、日本海を越えて大陸から渡来した人とモノもごくわずかながらあった。福井県あわら市の桑野遺跡などの早〜前期の墓地からは、中国内モンゴルと遼寧省の境界付近の同時期の興隆窪文化で最初に作られた玉製の玦状耳飾と靴べら形ペンダントに由来する製品が副葬されていた。山形県遊佐町の後・晩期の三崎山遺跡では、中国の殷代相当期の北方系青銅製小刀が発見された。このような希少な事例は日本海沿岸に限定されており、一方で縄文時代の特徴をもった遺物が朝鮮半島の内陸や大陸で発見さ

れたことはないので、彼我の交流は非常に限定的であったといえる。

縄文時代の繁栄と限界

縄文時代が三内丸山遺跡のような大集落が存続していた時代と思っている人は多い。図5（今村啓爾『縄文の豊かさと限界』山川出版社、2002）は、関東地方南西部の竪穴住居数を草創期から晩期までの土器型式ごとに数え、約100年ごとの軒数に換算したグラフであり、当該地域の人口変動を反映している。それによれば、前期にやや大きな増加があり、中期前半に激増し、中頃にピークを迎え、後期に向かって激減し、その後回復することはなかった。

この原因は、4200年前に発生した寒冷化によるクリ栽培などの植物質食料の不作・欠乏と推定されている。中期末〜後期の東北では、イノシシ形土製品や底にクマと推定される粘土像を貼り付けた小型の壺、森でクマを弓矢で狩猟する様子を描いた狩猟文土器が突然現れた。これは食料における動物質食料への依存度が、後期に高まったことを暗示している。

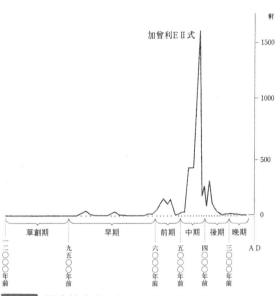

図5 関東地方南西部の竪穴住居跡数の変動

後期には、壺形、注口形、単孔形、香炉形などの新たな土器も多く登場した。これらは数が少なく、赤色顔料が塗られることが多く、前二者は酒などの液体貯蔵目的の形態を有していることから、祭祀用と考えられる。中期末〜後期に北・東日本では環状列石墓と環状周堤墓が作られ

た。環状墓は集落から離れた場所に作られ、大湯遺跡の環状列石墓のように複数の集団の共同墓地並みに巨大なものも多く、環状の外帯には竪穴住居がなく、共同で会食をしたことを示す貯蔵穴がある（図4）。このことは、元来は同一の大規模集落を構成していた小集落が、食糧不足で分散し、また食料をめぐる小集落間の緊張状態や抗争を回避するために、共同墓地を形成して集合し、葬送儀式や祖先祭祀を行っていたと解釈できよう。

　縄文時代は、栽培を伴う多様な植物質食料への依存と増産によって、人口増加と繁栄を得たが、弥生時代のような格差社会にはならなかった。縄文時代の栽培と弥生時代の稲作は本質的に異なっていたのである。

われわれに残る縄文人のDNA

　朝鮮半島や中国大陸から稲作や新文化が渡来人によってもたらされると、土偶を含めた縄文祭祀は青森県以北を除き、またたく間に消滅した。定住した渡来人（渡来系弥生人）は、米食によって短期間に人口を増加させ、生活範囲を東へと拡大させた（中橋2019）。在来の縄文人の子孫（縄文系弥生人）は、混血した者も多かったが、東北や九州南部では縄文人の形質を強く保持していた。とくに、北海道では稲作は適応できず、縄文時代的な生活が存続し、続縄文時代と呼ばれている。縄文系弥生人と渡来系弥生人のさまざまな出会いの結果残されたDNA情報は、日本列島で生活している多くの人々に今も継承されている。

［参考文献］
勅使河原彰『縄文時代史』（新泉社、2016年）
工藤雄一郎編『さらにわかった！縄文人の植物利用』（新泉社、2017年）
中橋孝博『日本人の起源』（講談社、2019年）
山田康弘『縄文時代の歴史』（講談社、2019年）

03.

東北弥生社会の成立と変遷
東北弥生社会の特徴とは何か

**日本列島の
弥生時代の始まり**　　　　　　１万年以上も長く続いた縄文時代の暮らし
　　　　　　　　　　　　　　は、九州北部に海を越えてやってきた渡来人集
団の文化を受容して大きく変わった。

　渡来人は水稲農耕技術、銅、鉄などの金属器など朝鮮半島の最新技術を
もたらした。縄文人は新たな文化を受け入れ、持ち前の狩猟、漁労の技術
と融合させて弥生文化が成立した。弥生時代の始まりである。渡来の時期
はこれまで紀元前３〜４世紀頃と考えられてきたが、近年紀元前10世紀
頃とする有力な説が提示され、現在論争中である。

　弥生文化は最初北部九州で成立し、その後西日本に急速に広がり、早い
段階で濃尾平野に達する。東日本に普及するにはやや時間を要したと考え
られている。

金属器を用いた祭祀　　　　　弥生文化は、新たに大陸から伝えられた文化
　　　　　　　　　　　　と縄文文化から受け継がれた文化で構成される
が、新たに弥生社会の中で生み出され、社会の中核になった重要な要素が
ある。青銅器を用いた祭祀である。

　日本列島には鉄器と青銅器が近い時期に伝えられた。最初青銅器も剣や
矛などの実際の道具として用いられた。しかし、利器としての実用性は鉄
がはるかに優れていたため、青銅器は実用品ではなく、祭祀の道具に変化
していった。銅鐸、銅剣、銅戈、銅矛が古い段階では小型で実用的であっ

たが新しくなると大型で扁平な形に変化し、飾られていくのはこのためである。

西日本を中心とする弥生社会では、古い段階では青銅器を用いた祭祀が信仰の中核となり、やがて鏡を用いた信仰へと変わっていく。縄文時代以来の土偶、石棒などを用いた信仰は弥生社会に受け継がれることはなく、断絶してしまう。

土地を巡る争いの発生と戦争

弥生時代は米作りの時代と言われるように、社会の基盤は水稲農耕にある。弥生人は、自然の恵みの中で生きた縄文人と違い、水路を造成し、自然地形を水田に作り替えることによって安定した米の収穫を確保することに成功したのである。弥生人は米を安定して食べることが可能になり、縄文時代に比べて人口も飛躍的に増加した。

弥生社会では、縄文社会とは大きく異なる生活の変化と新たな利害関係が生まれた。人々は日常的な作業を行う水田の近くに住むようになり、一時に大きな労働力を必要とする作業を取り仕切るリーダーが生まれ、やがて支配者への道をたどる。一方、水田を維持管理する必要が生じ、土地の所有、水の利用や蓄積された富を巡って利害が衝突、争いが発生した。弥生時代は日本の歴史で始めて意図的に集団で殺し合う戦争が始まった時代である。佐賀県吉野ヶ里遺跡などで発見された首のない遺骨などは、弥生時代の熾烈な戦争の様子を物語っている。

邪馬台国論争

弥生社会（倭国）の様子は、中国三国時代に書かれた『魏志倭人伝』（魏書東夷伝倭人条）に詳しく書かれている。倭国は、古代中国人に温暖で、秩序の整った社会に見えたようだ。

『魏志倭人伝』には、倭国では長く戦争が続き、女王卑弥呼が共立され

て戦乱が収まったことや卑弥呼が魏の皇帝に使いを送り、多くの財物を送られたことが記録されている。女王卑弥呼が都とする邪馬台国が倭国の何処にあったのかをめぐって、江戸時代以来長く論争が続けられてきた。邪馬台国論争である。全国各地に候補地は挙げられているが、九州説と大和説が有力である。邪馬台国を九州と考えた場合、邪馬台国を中心とする連合体は九州島内の比較的狭い地域に収まるものになり、大和の場合、邪馬台国連合は九州北部から中国地方、大和にいたる西日本を広く統括することになる。九州説では日本列島の国家形成の過程を比較的遅く、大和説ではかなり早く考えることになる。弥生時代の国家形成過程を考える上で、邪馬台国の所在地は重要な問題である。

　現代考古学では、邪馬台国の時代、3世紀頃（弥生時代後期）に最も大きな集落が形成され、人、物が集まってくる中心地を邪馬台国の候補地と考える。奈良盆地の東南にある纏向遺跡の発掘調査が進み、巨大な集落や水路、大型建物が確認され、各地の土器が集まってくる様子が確認されている。考古学者の多くが纏向遺跡が邪馬台国の中心と考えており、邪馬台国論争が決着する可能性が見えてきている。

東北弥生社会の成立事情

　1981年、青森県垂柳遺跡で弥生時代中期の水田跡が確認された。それまで東北地方北部では水稲農耕は行われていないと考えられていた。つまり、東北北部には弥生文化は存在しないと考えられてきたのである。その後、弥生時代前期にさかのぼる水田が青森県砂沢遺跡で確認され、東北地方北部にいたるまで水稲農耕を基盤とする社会、弥生社会が弥生時代前期のうちに成立していたことが明らかになった。

　東北地方北部に弥生社会が存在しないとする考えの背後には、複雑な技術体系を必要とする水稲耕作技術が遠く東北地方北部にまで広がって行くには時間がかかり、弥生時代のうちに東北地方まで到達できないとする見

方があった。

　北部九州で成立した弥生文化は、弥生時代前期の内には大和を越えて東海にまで達したが、いったん停滞すると考えられている。それではなぜ東海からさらに遠く離れた東北地方北部にまで前期の内に弥生文化が到達したのだろうか。

　答えは弥生土器の中にあった。東北地方の土器群の中に大和以西の特徴を持つ土器が発見されたのである。土器の文様、形、製作技術まで共通する特徴があり、東北北部の縄文人が西の弥生人と接触して新たな技術を受け入れたと考えられた。水稲農耕技術もまた同じように西からやってきた人々から直接伝えられた。弥生文化が短期間に東北北部にまで到達した理由は、西日本から東北北部への人の動きにあったのである。

西の弥生文化と東北の弥生文化

　弥生文化を米作りの社会と規定すれば、西の社会も東北の社会も同じ弥生文化の中である。しかし、両者には墳墓、信仰、社会構造に大きな違いがある。

図6　青森県田舎館村垂柳遺跡で発見された水田（田舎館村教育委員会所蔵）

西の弥生社会では、縄文時代以来の墳墓は受け継がれず、支石墓、甕棺墓や墳丘墓など新たな墓制が受け入れられた。東北では、古い段階では遺体を骨にして壺に入れ、壺を集めて埋める再葬墓が多く、やがて土器棺墓などが使われる。再葬墓は縄文文化の伝統をひく墓制で、土器棺墓もその延長上にある。東北地方は墓と生死に関わる考え方を縄文文化から受け継いでいるのである。

　信仰はどうか。銅鐸、銅剣、銅戈、銅矛、鏡など青銅器を用いる祭祀は西日本弥生文化の特徴である。これに対して東北の弥生文化の中には青銅器を用いる祭祀は存在しない。信仰の全体像は明らかでないが、岩偶など縄文文化からの伝統が認められる。古代の社会では、祭祀はきわめて重要な位置を占める。西日本と東北の弥生社会では、社会の重要な要素である信仰の形に根本的な違いが認められるのである。

　西の弥生社会には環濠集落、高地性集落など戦闘に備えた拠点集落が多くある。恒常的に戦闘が行われ、戦争を指揮する首長が現れた。首長は集落でも厳重に防御された特別な場所に住み、墳墓も特に大きく、副葬品も豪華だった。社会は支配者と従う者とに分かれていたのである。

　東北地方には環濠集落も高地性集落も確認されていない。つまり、東北では弥生時代に戦争があった証拠はないのである。集落内に特別な場所はなく、墳墓は均質で特別な存在は確認できない。

　西の弥生社会では首長が登場し、利害を巡って戦争が繰り返され、やがてクニができていく。一方で東北の弥生社会は縄文文化の伝統を色濃く残し、特別な支配者がおらず、戦争のない社会であった。同じ水稲農耕を基盤とする社会を構成しながら、西と東北では社会の構造に大きな違いがあったのである。

東北弥生社会を襲った大地震と大津波

　2011年3月11日の東日本大震災の後、考古学では台地に残された災害の痕跡を意識的に

探索するようにな
った。その結果、
今から約2000年
前に仙台平野を襲
った大規模地震と
津波の痕跡が確認
された。
　仙台市沓形遺跡
では、弥生時代中
期の水田を覆う白
色の砂層が発見さ

図7　津波に襲われた沓形遺跡の水田跡（白く見える部
分が津波で運ばれた海の砂、仙台市教育委員会所蔵）

れた。白色砂の粒は均質で、海から運ばれた砂と考えられた。つまり津波
に運ばれた堆積物と判断されたのである。すぐ近くの仙台市荒井広瀬遺跡
では、津波堆積物と合わせて地割れ痕跡が確認された。両遺跡は仙台海岸
平野に立地しており、この地は弥生時代中期、今から2000年前に大きな
地震と大津波に襲われたことが判明した。宮城県山元町中筋遺跡でも同時
期の津波痕跡が確認され、仙台平野を含め広い範囲で3.11同様の大災害
があったことが明らかにされたのである。
　この大災害で仙台平野海岸部の弥生遺跡は壊滅した。内陸部には弥生集
落はあるが、前代に比べて少数になり、規模も縮小する。
　大災害の後、弥生後期に弥生土器が大きく様変わりを見せる。天王山式
と呼ばれ、東北北部の土器と共通し、縄文土器とよく似た姿をしている。
天王山式土器を使う人々は、集落は小さいが生活域は広がり、丘陵部など
にも生活の痕跡を残している。水稲農耕も行うが、比重は低く、狩猟と採
集に生活の基盤を移している可能性が高いと考えられている。

東北弥生社会の特徴

東北地方では弥生時代前期に水稲農耕を受容し、弥生時代中期には主要な沖積平野、盆地などでは広く水田農耕が行われ、多くの集落が営まれる。しかし、一方で戦争が起きた痕跡はなく、有力な支配者は登場しない。また、信仰は縄文文化の伝統にあり、東北弥生社会は西とは違う構造を持っている。その後中期の大地震と大津波により大きな打撃を受け、狩猟と採集を主たる生業とする社会に移行していく。西日本弥生社会と違って国家形成に向けての動きは認められないのである。

［参考文献］
辻秀人「東北における古墳出現期の社会変動と南北境界」（熊谷公男・柳原敏昭編『境界と自他の認識』講座 東北の歴史3、清文堂出版、2013年）

日本の塩神
塩土老翁神

●●●●●●●●●●●

　宮城県塩竈市の鹽竈神社といえば、普段でも参拝者の絶えない、"陸奥国一宮（むつのくにいちのみや）"と称される東北地方を代表する神社である。仙石線本塩釜駅西側の小高い山全体が境内になっており、駅から徒歩30分で本殿まで行き着くことができる。塩竈とはもちろん海水を煮沸する釜のことであるが、実は鹽竈神社には塩釜は祀られておらず、鹽竈神社とは別に本町通に神器としての塩釜を祀る御釜（おかま）神社が設置されていて、したがって鹽竈神社参拝の前か後に、この御釜神社に立ち寄る参拝者も少なくない。

　鹽竈神社の本殿は境内を上りつめた場所にあり、唐門（からもん）とよばれる金装飾・朱塗りの門をくぐると、正面に左宮・右宮2つからなる宮殿、向って右側に別宮とよばれる宮殿が鎮座しており、左宮には武甕槌神（たけみかづちのかみ）、右宮には経津主神（ふつぬしのかみ）、別宮には塩土老翁神（しおつちおじのかみ）が祀られている。3人の神はいずれも古代の神話に登場しており、東国平定に派遣された戦いの神である武甕槌神と経津主神が、海の神である塩土老翁神を案内役に、進軍を続けて東北地方にまで到ったというのが3者の関係である。東北平定ののち、武甕槌神と経津主神は引き返して、それぞれ鹿島神宮（茨城県）と香取神宮（千葉県）の祭神となったが、塩土老翁神は現地に残って人々に塩作りを教えて塩業を盛んにしたため、鹽竈地区の人々は彼に感謝して塩神として祀ることになったという。ところが、いつごろからかはっきりしないが、鹿島神宮・香取神宮から武

甕槌神と経津主神の神霊を分けてもらって、2神も一緒に祀るように
なり、それが現在まで続いているのである。そのようなわけで、鹽竈
神社に祀られている塩神ということになると、それはつまり別宮に祀
られている塩土老翁神にほかならないことになる。

　ところで塩竈（釜）神社という名前をもった神社は日本全国各地に
多数存在している。その多くは、この塩竈市の鹽竈神社にその神霊を
分けてもらうよう願い出て分社として建てられたもので、当然ながら
祀られている塩神はすべて塩土老翁神である。正式に願い出たかどう
か不明なものも、その塩神はほとんどが塩土老翁神であり、塩土老翁
神以外の塩神を祀っている塩竈神社もあるが、数も少なくその神の由
来もはっきりしないものが多い。いいかえれば、日本の塩神は古くか
ら今日まで、本社である塩竈市の鹽竈神社、分社である全国各地の塩
竈神社に祀られている塩土老翁神ただ1人であるといってもよいので
ある。この塩神の塩土老翁神への一元化という事情は、日本の塩神信
仰の1つの大きな特色であろう。

　いずれにしろ、塩神信仰に興味があるないにかかわらず、古代の神
話や神社の歴史に関心がある方には、塩竈観光をかねて、ぜひ1度は
鹽竈神社を訪問するようお勧めしたい。境内には鹽竈神社博物館もあ
る。

04.

ヤマト政権の成立と東北古墳時代
北縁の古墳時代社会

初期ヤマト政権の成立 邪馬台国女王卑弥呼の死後に日本列島に巨大な墳墓が登場する。前方後円墳である。最古段階の前方後円墳の一つが奈良県桜井市箸墓古墳である。箸墓古墳の築造時期は3世紀の半ば過ぎと考えられており、卑弥呼の墓とする見方もある。

　前方後円墳は円形と長方形が結合した形の墳墓で、東アジアも含めて類例を求めることは難しい。山陽地方の墳丘墓に起源があるとされるが、規模の大きさ、設計図に基づき高度な土木技術を用いて築かれる点などで弥生時代の墳丘墓とは峻別される。また、地表から高い位置に営まれる埋葬施設、長大な木製の棺など大陸とは違う考え方で築造されている。

　このような事実から前方後円墳は墳丘墓に新たな要素を加え、大和で作り出された独自の大型墳墓と考えられている。

　大和で生み出された前方後円墳は、3世紀半ばから4世紀にかけて百年あまりの短期間で九州南部鹿児島県志布志湾沿岸から東北南部大崎市鳴瀬川流域にまで広がる。かつては強大な大和が各地を武力で支配していったと考えられていたが、今は大和が各地の有力な勢力と政治的な同盟関係を結んだ結果と考えられている。前方後円墳の分布は、九州から東北地方にいたる領域を持つヤマト政権が成立したことを示している。ヤマト政権の範囲は弥生時代の邪馬台国連合に比べて飛躍的に広がり、日本列島に始めて広域政治的連合体が成立したことを示している。

王権拡大と地方豪族

初期ヤマト政権は、大和の中心勢力と各地の有力豪族との連合体で、支配・被支配の関係にはなかったと考えられている。この時期の大王墓は最初は奈良盆地東側の山裾に築かれ、やがて盆地北側に移動する。

古墳時代中期、大王墓が巨大化して河内平野に築かれるようになるとともに、ヤマト政権は朝鮮半島に出兵するなど、対外的な活動が活発になる。この時期に王権中枢と地方豪族との関係に変化が起きる。

1978年に埼玉県行田市稲荷山古墳出土鉄剣に金線で文字が書かれていることが判明した。銘文には埼玉の豪族「ヲワケの臣」が「ワカタケルの大王」(雄略天皇)に「杖刀人」として仕えたことと、「辛亥年」(西暦471年)に刀が作られたことが記されている。

この銘文から5世紀にはヤマト政権の大王に地方の豪族が武力を持って仕えたことが読み取れる。この時期ヤマト政権中枢と地方の豪族とは同盟関係ではなく支配する者と仕える者との関係に変化していることが読み取れる。

新来技術の受容と社会変化

古墳時代中期、5世紀頃にヤマト政権は朝鮮半島に出兵しており、多くの最新の文化にふれ、新たな技術、文化を積極的に導入しようとした結果、倭国内には多くの朝鮮半島からの技術、文化が受け入れられる。

多種多様な新来技術と文化のなかで、馬と馬生産に関わる技術、須恵器生産技術、カマドを用いる生活様式は倭国文化に大きな影響を与えた。

馬の生産は渡来人が主導して信濃などを中心に行われた。調教された馬は騎馬の戦闘に用いられるとともに、農耕馬として急速に普及した。群馬県黒井峯遺跡では、6世紀には農耕馬の存在が確認されている。須恵器生産は大阪南部丘陵履帯にある陶邑古窯跡群で大規模に行われた。須恵器は

水を貯蔵できる焼き物で、生活に必要な容器として普及した。カマドの普及により、倭国伝統の、炉を囲んで共用の器で食事をする生活からカマドで調理し、それぞれが自分の器で食事する韓半島由来の生活に変化した。新しい生活スタイルは、その後近世にいたるまで受け継がれた。

古墳の変質と新たな王者の姿

日本列島に営まれた古墳の伝統的埋葬施設は、遺体を木製または石製の棺に埋納し、古墳の高いところに埋める形であった。いったん遺体を埋めたら二度と遺体を見ることはなく、次の世代は別の場所か別の古墳に葬られる。しかし、新たな埋葬施設が5世紀から6世紀にかけて古墳に採用された。横穴式石室である。

　横穴式石室は最初九州地方に出現し、古墳時代後期（6世紀）には大和を中心に、普遍的な埋葬施設として全国に広がる。横穴式石室は玄室に出入りできる埋葬施設で、その起源は古代朝鮮半島、百済にあると考えられている。横穴式石室は、時間の経過に沿って複数の埋葬が世代を越えて行われる点に特色がある。

　奈良県藤ノ木古墳の横穴式石室と石室内の石棺から豪華な馬具、金銅装大刀、飾履、冠、多量の装身具、鏡など多くの遺物が出土した。これらは、いずれも同時期の朝鮮半島の支配者が埋葬時に副葬された品々と共通しており、この時期の倭国の支配者が朝鮮半島の王者ときわめてよく似た姿であることを示している。

東北古墳時代研究の始まり

福島県会津若松市会津大塚山古墳の発掘調査が、1964年に『会津若松史』編纂の資料を得るため行われた。調査の結果、未盗掘の2基の木棺痕跡から仿製三角縁神獣鏡、環頭大刀などたくさんの副葬品が出土した。仿製三角縁神獣鏡は初期ヤマト政権から配布された宝物であり、環頭大刀などの副葬品は会津

大塚山古墳が初期ヤマト政権の時代に築造されたことを明らかに示していた。

　会津大塚山古墳が調査された頃、大和から東北に前方後円墳が伝わるには少なくとも数百年かかると考えられていた。しかし会津大塚山古墳の調査結果は、初期ヤマト政権の時代、4世紀には会津の勢力が大和と政治的な関係を結び、前方後円墳を営んでいたことを示した。

　この事実をもとに、東北地方の古墳時代研究は開始された。

古墳時代社会の成立と南北境界

　弥生時代終末期には大災害と気候の寒冷化により、稲作の維持が難しくなり、狩猟と採集を基盤とする社会へと移行していった。平等な社会で戦争の痕跡もなく、クニができる方向の変化は確認できない。それでは、東北の古墳文化はどのように形成されていったのだろうか。

　弥生社会から古墳時代への移行の過程には2段階の変化がある。

　最初の変化は会津盆地で確認された。会津盆地では、1990年代に発掘調査が実施され、弥生終末期の周溝墓が多く発見された。周溝墓出土土器には遠く能登半島地域の特徴が認められた。住居や墳墓の特徴も一致したため、能登半島からの移住があったと考えられた。能登半島からの移住

者は新たにな集約的な農業を持ち込み、寒冷な気候の中でも農耕社会を再度作りあげた。この移住により再度農耕社会が形成されたのは会津盆地、山形県庄内平野・米沢盆地、福島県浜通りである。

　次の変化は東北南部全域でおきた。東北では古墳時代初期に塩釜式と呼ばれる土師器が使われた。この土器は前の時代の土器とは違う特徴を持ち、現在の千葉県地域ときわめてよく似たものである。土器、墳墓、家などの諸要素も千葉県地域と共通しており、この段階では千葉県地域から東北南部全域に集団移住があったと見られる。移住範囲は東北南部全域に及んだ。この地域でも再度農耕社会が形成された。

　2度の移住の結果、東北南部全域で再度農耕社会が形成されたが、東北北部ではこのような社会構造の変化が生じなかった。東北地方は南部の農耕社会と北部の狩猟採集社会に分かれた。歴史上始めて東北地方では生業を異にする社会が共存することになった。南北境界の出現である。

東北の前期古墳

　会津大塚山古墳の発掘調査後、東北地方の古墳の探索と調査が進められた。現在までに東北地方には、古墳時代前期に全長100mを越える大型前方後円墳5基を含めて、多くの前期古墳が築かれていることが判明した。中でも会津盆地では古墳が集中する3つの地域があり、それぞれで代々の首長墓を確認できる。日本列島の中でもこのような地域は珍しく、初期ヤマト政権の中で重要な位置を占める勢力がいたと考えられている。他にも東北最大、全長168mを測る前方後円墳雷神山古墳を中心とする名取丘陵周辺、仙台平野などに大きな勢力があったと見られている。

古墳時代社会の変動

　古墳時代中期に古墳の様相が一変する。全長100mを越える大型前方後円墳は姿を消し、前期に大型古墳が築かれた地域では古墳の築造が継続しない。つまり、古

図9 春日社鳥居塚古墳楯出土状況
（仙台市教育委員会所蔵）

墳時代前期に勢力を誇ったものが大和との関係を絶ったか、勢力を維持できなかった可能性が高い。

一方、仙台平野広瀬川南岸などこれまで古墳が築かれなかった地域に中小規模の古墳で構成される古墳群が出現する。新たな古墳群からは、窯焼成の埴輪や須恵器など最新の文物が出土する。

古墳の変化に加えて、竪穴住居にカマドが出現し、銘々の食器を使う新たな生活スタイルが普及する。古墳の変化は地域社会の政治的な動向を反映しており、住居、食生活の変化は生活に関わる文化に変化が起きていることを示している。

ヤマト政権は、古墳時代中期に地方豪族を支配する強大な力を持ったと考えられる。また、古墳時代前期から中期にかけて朝鮮半島に出兵し、朝鮮半島の文物、文化を急速に受け入れた。

図10 春日社鳥居塚古墳出土
楯復原図
（仙台市教育委員会所蔵）

東北地方の大型古墳の消滅と新たな地域での中小古墳の築造は、ヤマト政権が地域の伝統的な大勢力の力を弱め、新たに中小の豪族を直接的な支配下においたことを物語る。埴輪や須恵器は、ヤマト政権から中小勢力に

与えられた可能性が高い。また、生活様式の変化はヤマト政権による朝鮮半島文化の受容が地方にまで広がったことを示している。

　古墳時代中期の東北古墳時代社会の変化は、ヤマト政権の動向を反映し引き起こされたと考えられる。

律令時代への胎動　　　　6世紀から7世紀に大和では、仏教を受け入れ、中国大陸の隋、唐帝国の成立に対応して新たに大王（天皇）を中心とする中央集権国家建設にむけて動き始める。東北地方でも、7世紀に宮城県仙台市 郡山遺跡など 城柵や官衙が建設され、律令国家の地方組織整備にむけての動きが始まる。

[参考文献]
辻秀人『東北古墳研究の原点　会津大塚山古墳』（新泉社、2006年）

05.

飛鳥の朝廷と東北

「倭国」の有力豪族の連合政権であったヤマト政権は、5世紀後半から6世紀初頭にかけての内政・外交に関わる政治的危機を克服しながら部民制やミヤケ制・国造制などの支配組織を整え、そのあり方を大きく変化させていく。東北地方北部の人々をヤマト政権が「エミシ」と呼び大王への服属を強いることが始まったのも、このような動きの中でのこととみられる。『日本書紀』敏達天皇紀には、エミシの族長綾糟が、ヤマト政権の守護神である三輪山の神に向かって服属の誓約をおこなったという、古い要素を持ったエミシの朝貢記事が見られ、遅くとも6世紀後半頃には、エミシの族長と大王の間でのこのような服属儀礼が始まっていたとみられる。

「エミシ」観念の成立を考える上で特に重要なのが、国造制との関係である。国造はヤマト政権に服属した各地の有力豪族を任じた地方官であるが、『国造本紀』などの文献によると、その設置範囲（図11のC地域）は、おおむね宮城県南部の阿武隈川河口から新潟平野の阿賀野川河口付近を北限としている。このラインは文献史料から推定される、「エミシ」と呼ばれた人々の分布の南限とも重なり、つまり国造制の施行によって各地の有力首長とその管轄領域がヤマト政権の支配機構の中に組み込まれる中で、それより北方（A・B）の人々もまた、ヤマト政権の支配に服さない「エミシ」（毛人）として一括されるようになったと考えられる。

「エミシ」成立期の東北社会

　エミシについては、今日まで歴史学・人類学・考古学など様々な視点から研究が行われているが、この問題を考える上でまず踏まえておかなくてはならないのは、「エミシ」という語それ自体は、王化に従わない列島北部の多様な人々をヤマト政権の側が一括して呼んだ、政治的な性格を持つ概念だという事である。例えば『日本書紀』景行天皇紀のヤマトタケルの東国平定記事などエミシを野蛮な異種族として記す文献史料には、ヤマト政権による彼らへの支配を正当化する意図がこめられている。もちろん文献史料に見えるエミシの姿をすべて虚構として片付けることはできないが、考古学的な調査からは、エミシと呼ばれた人々の地域の生活文化が、地域によっても時代によっても決して一様ではなかったことが明らかになっている。

　6世紀までの東北地

図11 蝦夷の居住域と国造分布（熊谷公男『蝦夷の地と古代国家』2004年に一部加筆）

方は、おおむね宮城県北部から秋田・山形県境にかけての一帯を境界として、北部の続縄文文化圏（A）と南部の古墳文化圏（B・C）に分かれていた（図11）。6世紀末以降Aの地域では、続縄文文化が終焉を迎え住居や土器などの生活文化はB・Cの地域と高い共通性を持つようになるが、一方で末期古墳と呼ばれる独特の墓制が発達するなど、この地域に独自の発達を遂げた文化要素も残る。いっぽうBの地域は、同じエミシの地域とはいえ土器や墓制は6世紀より前からすでにCの地域と共通し、6世紀末頃からは関東系土師器（関東地方と類似する特徴を持つ土師器）を伴った集落も見られるようになる。エミシと呼ばれる人々は、現実には、このような南北社会の接触・交流の中に身を置いた人々であった。

大化改新と東北

長く南北朝に分裂していた中国が589年に隋によって統一されると、東アジアの国際情勢は大きく転換していく。とりわけ618年に成立した唐王朝は、朝鮮半島諸国の関係に直接間接の影響を与え、640年代には各国の緊張関係が強まるなかで国内でもクーデターが続出し緊迫した状況となっていく。いっぽう倭国では、600年（推古8）以降遣隋使・遣唐使を派遣し国制の整備を進めていくが、推古天皇の死後やはり支配層内部での権力闘争が激しくなり、645年（大化元）6月、権力集中を進める蘇我蝦夷・入鹿を非蘇我系王族中の皇位継承候補者であった中大兄皇子（のちの天智天皇）らが滅ぼすクーデター事件（乙巳の変）が起こった。

事件後発足した新政府は、早速「東国」に8組の使者（東国国司）を派遣して人口や土地・武器等の調査を行い、646年（大化2）正月には難波宮にて、官僚制や地方支配、税制など多岐にわたる政治改革を掲げた「改新の詔」を発表する。『日本書紀』に記載されたこの詔については、8世紀初めの知識による潤色が加わっていることが指摘されているが、実際に地方制度では全国に「評」という新しい制度が導入され、従来国造と

されていた豪族に加え多数の豪族たちがこの「評」の官人に登用されたことが別の様々な史料から確認できており、大きな政治改革が行われたこと自体は事実と見てよい。

　この政治改革の波は当然ながら東北地方にも及んだ。東国国司の派遣は「蝦夷と境を接する処」（『日本書紀』）すなわちＢ・Ｃ地域の境界付近にまで及び、それより南の国造制が施行されていた地域では「評」が設置される。これらを統括する「国」という行政区画が設けられたのも、改新後間もない時期と考えられる。この時、現在の福島県から仙台平野付近までは「道奥国」（みちのくのくに）（のちの「陸奥国」（むつのくに））とされた。一方日本海側では、現在の福井県東部から新潟市付近にかけての地域が「高志国」（こしのくに）とされた。この高志国はのち674〜676年頃に３つに分割され越前・越中・越後国となる。

城柵の出現

図12
阿倍比羅夫の北方遠征
（熊谷公男『大王から天皇へ』2000年に一部加筆）

　一方、エミシの地とされる仙台平野や新潟平野北部（Ｂの地域）には、エミシ支配の拠点となる城柵（じょうさく）が新たに設置されていく。遺跡は未発見だが、『日本書紀』には647年（大化3）に渟足柵（ぬたりのき）（新潟市東区王瀬付近）、翌年に磐舟柵（いわふねのき）（村上市岩船付近）が設置され、税や労役・軍役を負担し城柵経営を支える柵戸（さくこ）として、信濃や北陸地方からの移民がおこなわれたことが記されている。いっぽう文献史料には記されていないが、ほぼ同じ時期に仙台平野に設置された城柵と考えられるのが、仙台市の郡山遺跡（仙台市太白区郡山）である。郡山遺跡では、7世紀半ばに造られた古い時期の遺跡（Ⅰ期官衙）と、7世紀末頃に造られ

た新しい時期の遺跡（II期官衙）が重なって見つかっており、その規模や出土遺物から、改新政府が仙台平野やその北方の大崎平野の支配拠点として造営した城柵と考えられる。柵戸も、淳足・磐舟柵同様に設定されたであろう。

　こうした城柵は、周辺地域のエミシを「柵養蝦夷<ruby>きこう</ruby>」として支配下に取り込むとともに、遠方のエミシと国家との政治関係を結ぶ拠点ともなった。655年（斉明元<ruby>さいめい</ruby>）7月に津軽エミシが難波宮に朝貢し、658（斉明4）〜660年におそらくはこの津軽エミシが案内役をつとめる形で越国守阿倍比羅夫による齶田（秋田）・淳代（能代）や渡嶋（北海道）への遠征が行われたのも、淳足・磐舟柵の設置がきっかけだろう。太平洋側でも、7世紀後半以降閇村（岩手県宮古市周辺か）のエミシが定期的に陸奥国府（郡山遺跡か）に朝貢していたことが知られ、城柵の設置は、倭国の王権とエミシとの関係を飛躍的に拡大させたと考えられる。

7世紀後半の倭国と東北

　660年、唐・新羅<ruby>しらぎ</ruby>の連合軍の攻撃によって、倭国と歴史的に密接な関係にあった百済は滅亡し、鬼室福信<ruby>きしつふくしん</ruby>ら百済復興を目指す貴族たちは倭国にいる百済の王子豊璋<ruby>ほうしょう</ruby>の帰国と援軍の派遣を倭国に要請した。斉明天皇はこれを受諾して663年軍を遣わし、朝鮮半島南西部の白村江<ruby>はくすきのえ</ruby>で唐・新羅連合軍と戦うが大敗する。白村江の敗戦後、政府は国内の防衛体制を固めるかたわらで、危機への対応を背景に豪族や民衆に対する支配の体制を整え、律令体制<ruby>りつりょうたいせい</ruby>の基礎をつくりあげていく。この施策は、天智天皇の後継をめぐり支配層を二分する古代史上最大の内戦「壬申の乱<ruby>じんしん</ruby>」を経てからも、これを勝ち抜き即位した天武天皇<ruby>てんむ</ruby>によって進められていった。その成果はやがて、飛鳥<ruby>あすか</ruby>浄御原令<ruby>きよみはらりょう</ruby>の編纂施行（689年）を経て、701年（大宝元<ruby>たいほう</ruby>）の大宝律令<ruby>たいほうりつりょう</ruby>制定へと結実する。

　ところで、『日本書紀』に続く正史『続日本紀<ruby>しょくにほんぎ</ruby>』には、陸奥国の信太郡<ruby>しだぐん</ruby>

（志田郡）の壬生五百足なる人物がこの白村江の戦いに際し兵士として動員され唐の捕虜となり、のち帰国したという記事がみえる。この記事は、7世紀後半の比較的早い段階で、仙台平野より北の大崎平野でも古代国家による軍役などの徴発が行われていたことを示す点で重要である。いっぽう発掘調査の成果によれば、大崎・牡鹿地方では7世紀後半頃から、関東系土師器を出土し周囲を柵や溝で囲んだ特殊な集落が造られ、7世紀末にはこれらの集落があった名生館遺跡（宮城県大崎市）・赤井遺跡（同東松島市）などで官衙（役所）が造営されることが明らかになっている。これらは、前述の仙台市郡山遺跡の指揮下で大崎・牡鹿地方の統治を行う「柵」と見てよいだろう。その郡山遺跡では7世紀末頃に、一辺400m強の材木列で正方形に囲繞したⅡ期官衙へと改修される。Ⅱ期官衙は後述する多賀城が創建される前の陸奥国府と考えられており、その内部では、政務や儀礼の場である政庁の北側に、エミシの服属儀礼に使用されたと見られる石組の池が見つかっている。

東アジア世界と「蝦夷」

阿倍比羅夫の遠征が繰り返される中の659年（斉明5）、遣唐使が派遣され、男女4人のエミシが遣唐使に同行し第3代皇帝高宗への謁見の場に同席した。遣唐使は高宗の質疑に答えてエミシの種類や習俗、地理的位置、倭国への朝貢関係などについて説明した。遣唐使が彼らを同行させたのは、倭国が「蝦夷国」の朝貢を受けていることをアピールし、また「蝦夷国」の唐への入朝を仲介することで唐朝の歓心を買うためでもあった。もちろん現実のエミシは単独の「蝦夷国」を形成するような政治的統合を果たしていたわけではないが、倭国が周辺の国を従えた小帝国であることを演出するために「蝦夷国」が必要とされたのである。

倭国の王権がその周縁地域の人々を異族視する際の表記は、一般には「〇〇人」（隼人など）とされることが多く、エミシももともとは「毛人」

という漢字表記が使われていた。しかし、早ければこの斉明朝の遣唐使派遣時、遅くとも7世紀末の持統朝には「蝦夷」という表記が使われ始め、8世紀の大宝・養老律令制下において、エミシを示す最も基本的な用字として使われていくようになる。このように中国の華夷思想で使われる夷・狄・蛮・戎などの表記を使って呼ばれるのはエミシ（蝦夷のほか蝦狄・夷・狄）のみであり、それはエミシが、倭国・日本国の王権にとって東方の異民族を従属させる帝国型の国家であることを主張するための特別な存在であったことを意味している。

[参考文献]
熊谷公男『蝦夷の地と古代国家』（日本史リブレット11、山川出版社、2004年）
工藤雅樹『古代蝦夷の英雄時代』（平凡社ライブラリー、平凡社、2005年）
熊谷公男編『蝦夷と城柵の時代』（東北の古代史3、吉川弘文館、2015年）
今泉隆雄『古代国家の地方支配と東北』（吉川弘文館、2018年）

06.

律令国家と東北

●●●●●●●●●●●

　720年（養老4）、陸奥国でエミシの反乱が
起こり、按察使の上毛野広人が殺害されるとい
う事件が起きた。直接のきっかけは、事件の5年前の715年（霊亀元）に
おこなわれた、関東地方の富民1000戸（約2万人と推計）の陸奥国への
移住であろう。陸奥国への移民はすでに7世紀半ば以降から行われていた
と考えられるが、715年の移民はそれまでにない大規模なもので、大崎・
牡鹿地方やその周辺地域のエミシの人々がこれに圧迫を感じ蜂起したもの
と思われる。

　正史『続日本紀』には事件の詳細は書かれていないが、この事件の衝撃
は極めて大きかったようで、政府は反乱を鎮圧したあと、大規模な免税・
減税によって離散したこの地域の移民の帰住・定住を促すとともに、新た
なエミシ支配政策を次々と実施した。それを象徴するのが、新しい陸奥国
府となった多賀城の創建である。多賀城跡（宮城県多賀城市）については
1960年代から継続的に進められてきた発掘調査によって、8世紀前半か
ら11世紀前半頃まで3度の大きな改修工事を経ながら存続したこと、ま
たこの多賀城の創建が大崎平野における城柵群（玉造柵・新田柵・牡
鹿柵など）とセットでおこなわれた事業だったことなどが明らかになっ
ている。多賀城の創建は、南門跡の内側に立つ多賀城碑の記載によって神
亀元年（724）と考えられているが、それは大崎・牡鹿地方を含む、エミシ
の反乱後の支配再建策の一環だったのである。新たな城柵整備にあわせて

坂東の農民兵を交替で一定期間赴任させる「鎮兵」の制度を整えるなど、現地の軍事力の大幅な増強も図られており、こうして作られた陸奥国の新たな支配体制が、その後も律令制下をつうじ継承されていくことになる。

出羽国の建国と出羽柵の北進

　こうした太平洋側での動きの一方、日本海側ではまた独自に、城柵の設置と国家の領域拡大が進められた。708年（和銅元）には、山形県庄内地方に「越後国出羽郡」が置かれ、翌年には同じく庄内地方に置かれたと見られる「出羽柵」を拠点にした軍事行動が行われた。その結果712年（和銅5）に「出羽国」が新設され、あわせて大量の移民がこの地に送り込まれる。そして733年（天平5）、この出羽柵の移転という形で、秋田村の高清水岡（現秋田市寺内）に新たな城柵が建設される。このように日本海側では沿岸部の平野を抑えながら、陸奥と比べかなり北側まで城柵が設置されていく。日本海側でこのような積極的な北進策がとられた理由には、渤海との関係など外交的な理由も指摘されているが、最も重要なのは、7世紀後半以来の渡嶋や津軽など北方のエミシとの交易関係の強化という点であろう。

　多賀城創建に象徴される陸奥側の動きとこうした日本海沿岸部での城柵の北進が進む中で、新たな課題として浮上してくるのが、両国の連携、そして両者の間にある出羽国内陸部の支配という問題である。出羽柵が秋田に移転すると、この秋田の出羽柵と多賀城との連絡のため、737年（天平9）には陸奥・出羽連合軍による男勝（雄勝）村（秋田県横手盆地）への進軍と城柵建設が計画・実施された。しかし、この計画は男勝村への進軍直前で現地のエミシたちの動揺を理由に中断される。城柵や移民による支配もまた、周辺のエミシ社会の動向を無視しては成立し得ないのである。

8世紀の城柵とエミシ・柵戸

　国家との服属関係を結んだエミシは、多賀城創建の頃から、個々人の身分としては「蝦夷」

と「俘囚」という２つに区分されていた。前者は、たとえば「遠田君」（トオダのキミ）など原則として「地名＋君（公）」という姓（ウヂ名＋カバネ）を持ち、元来の部族性・集団性を保持しながら服属した人々とみられる。彼らのコミュニティはエミシの「村」として把握され、国家に協力的なエミシの村をそのまま古代国家の地方制度である「郡」として認定し、族長をその長＝郡領として認定することもあった。一方「俘囚」は地名とは無関係である「吉弥侯部」などの部姓を持つことが多く、部族性を喪失

し個人や家族単位で服属した人々と見られる。俘囚は城柵の近辺に居住し、田地を耕作しつつ城柵の守備などにあたった。

　一方で城柵の周囲には「柵戸」と呼ばれる移民系の人々も居住した。通常は城柵設置にあわせてこの柵戸をもとに「郡」が置かれ、柵戸の中の有力者が郡司に任命された。郡司は地域の伝統氏族を優先的に任用する原則であった

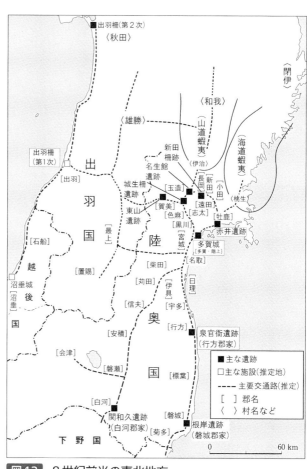

図13　８世紀前半の東北地方

が、柵戸による郡は外来者による新しいコミュニティであるため、政府は郡司のなり手を求めて柵戸の有力者を保護し、彼らもまた政策への協力を通じて地域における権威を得ようとした。

　柵戸出身の豪族の代表例として、牡鹿郡の郡領氏族道嶋氏が知られている。道嶋氏は上総国出身の移民系豪族でもと丸子氏といい、すでに８世紀前半の段階から征夷政策への協力によって高い地位を得ていた。やがて８世紀後半には、道嶋嶋足が都での武官として活躍し孝謙・称徳女帝の高い信頼を得て破格の出世をし、その一族もまた陸奥国で、城柵造営等への協力によって高い地位を得ていく。城柵造営などエミシ政策への協力によって地位を上昇させていくことは、陸奥国の他の豪族たちにも見られる特色であった。

天平産金

　　　　　　秋田と多賀城を結ぶ連絡路の開通事業が失敗に終わった７３７年（天平９）は、九州から関東にかけて、疫病（天然痘）が大流行した年である。政権の中枢にあった藤原四兄弟（藤原武智麻呂・房前・宇合・麻呂）をはじめ死者が続出し、近年の研究では全人口の２５～３５％程度にのぼるとも試算されている。奥羽での流行の状況は不明だが、その後しばらく奥羽で大規模な軍事行動が見られないのは、この疫病の影響で大規模な兵士の動員が困難になったからと見られる。

　この疫病流行を契機に聖武天皇は平城京を離れその北東の恭仁京へと都を遷し、７４１年（天平13）には国分寺建立の詔を出して諸国に七重塔一区と金光明四天王護国之寺（国分寺）・法華滅罪之寺（国分尼寺）を置くことなどを命じた。そして７４３年（天平15）には、紫香楽宮（滋賀県甲賀市）においてこの地への大仏造立を発願する。７４５年（天平17）に紫香楽宮の造営が中止されると、事業は平城京の東、すなわち東大寺の地で継続され、聖武はこの大仏の造営事業に、国力を投入していくことになる。

749年（天平21）、大仏の完成が近づきこれに塗る金の確保に気をもむ聖武の許に、陸奥国小田郡（宮城県涌谷町付近）で金が出た、という、陸奥守百済王敬福からの報告がもたらされた。聖武はこの報告に歓喜し、自らを「三宝の奴」と称して出家を決意して、娘の安倍内親王（孝謙天皇）に譲位する。陸奥の現地ではその後も金の採取・貢納が進められ、産金に協力した地元の豪族たちがやはり地位を上昇させていく。大仏はその後757年頃に完成するが、その後も金は国際貿易における決済手段などに使われる重要な貢納物として、陸奥国から都に送り続けられていった。

陸奥城柵の北進と軋轢

　聖武太上天皇の死後750年代末頃から、政府は、権力の中枢に座った藤原仲麻呂の主導により再び北方への城柵新設を始め、757年（天平宝字元）には桃生・雄勝城という新たな城柵の造営計画が始まる。このうち雄勝城（秋田県横手市付近か）はかつて737年に計画されながら中止された出羽国内陸部の城柵だが、桃生城（宮城県石巻市）の方は新たに計画された城柵である。またこれにあわせ多賀城や秋田城などでも大規模な改修工事が行われた。その後仲麻呂は、後ろ盾であった光明皇太后の死後、自立を図る孝謙太上天皇と次第に対立し、764年（天平宝字8）の藤原仲麻呂の乱で敗死する。しかし、城柵の北進政策そのものは孝謙太上天皇＝称徳女帝の重祚後も継承され、767年（神護景雲元）には陸奥国内陸部の最北端の城柵として伊治城（宮城県栗原市）が造営された。

　桃生城・雄勝城を含むこれらの城柵は、多賀城や大崎平野の諸城柵と異なり、同じエミシの居住域でも早くから古墳文化が展開していた（B）地域（図11参照）の北限を越えて、8世紀においても末期古墳など北方的な文化様相を色濃く残していた（A）地域との境界領域に踏み込んだ位置に建設された。桃生城や伊治城の発掘調査からは、これらの城柵が8世紀前半の城柵よりも厳重な外郭施設を設けていることがわかっており、それ

は、これらの城柵がエミシとの高い軍事的緊張を想定して作られたことを示すだろう。もちろん政府はそのためにいっそう現地エミシの懐柔に努めたが、一方で犯罪人を強制的に柵戸として送り込んだり、破格の優遇措置を餌に柵戸を募集するなど、柵戸の募集・定着にも苦心した。

三十八年戦争のはじまりと伊治公呰麻呂の乱

これらの城柵を巡るエミシと国家の軋轢は、770年代に入るとはっきりと表面化してくる。

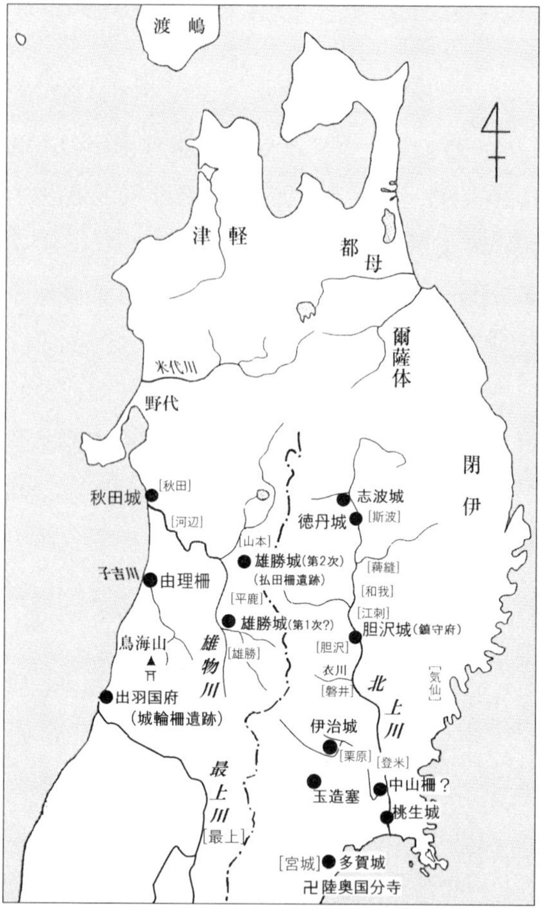

図14 ８世紀後半〜９世紀前半の東北地方北部

774年（宝亀5）には、北上川（きたかみ）下流域から三陸（さんりく）沿岸部にかけての海道（かいどう）エミシが桃生城を襲撃するが、それはその数年前から続く小さな衝突の中で必然的に起こった事件であった。紛争はいったん陸奥国の軍隊によって鎮圧されるも、まもなく内陸部の山道エミシにも広がり、776年（宝亀7）陸奥国は山道・海道双方のエミシに対する征討（せいとう）を行った。

陸奥国はさらに780年（宝亀11）に胆沢（いさわ）地方制圧のため覚鱉城（かくべつじょう）という新しい城

柵の建設に着手するが、そのさなかに起こったのが、伊治公呰麻呂の乱である。これは山道・海道エミシとの戦闘で軍功を挙げ上治郡大領という地位を得ていたエミシ系豪族の伊治公呰麻呂が、覚鱉城造営のため伊治城に来ていた按察使の紀広純や陸奥大掾の道嶋大楯らを殺害し、俘軍を率いてさらに国府多賀城を襲撃した事件である。呰麻呂自身の乱後の消息は不明だが、この騒乱のさなか、それまで政府に協力的であった他の多くの服属エミシも離反し、奥羽山脈を越えた雄勝城周辺でもエミシが蜂起するなど、乱の影響はきわめて広範囲にわたった。奥羽の情勢はますます混迷を深めていった。

桓武朝の「征夷」と胆沢エミシ

呰麻呂の乱後、政府は征東使を派遣し事態の鎮圧を図るが、現地の状況は厳しく明確な成果を挙げることはできなかった。その征討の最中の781年（天応元）4月に即位したのが、桓武天皇である。当初必ずしも堅固な政治基盤を持たなかった桓武は、父光仁天皇を新たな皇統の創始者として祀り、新都長岡京の造営に着手することで権威の獲得に腐心するが、エミシ問題はそのような桓武にとって、失敗の許されない課題であった。

即位後桓武は、長岡京造営のただ中である789年（延暦8）に紀古佐美を大使とする征討軍を派遣する。古佐美は胆沢地方に軍を遣わし衣川の北岸に軍営を置いて胆沢のエミシを攻撃させるが、阿弖流為らが率いる胆沢のエミシ集団による、北上川を利用した巧みなゲリラ戦の前に、官軍は大敗し、この「征夷」は事実上失敗に終わった。このときエミシ軍を統率した阿弖流為は胆沢地域の数あるエミシの族長の一人と見られるが、繰り返される政府軍との戦闘のなかで、胆沢のエミシたちの部族横断的な軍事指揮官として推戴されたのであろう。

この手痛い失敗を受け周到な準備を重ねた桓武は、平安京への遷都と同じ794年（延暦13）、10万という空前絶後の征討軍を編成・派遣した。

このとき副将軍の１人として起用された桓武の側近が、坂上田村麻呂（さかのうえのたむらまろ）である。このときの戦闘の詳細については正史『日本後紀』（にほんこうき）の大部分が今日失われているため不明だが、前後の経緯から、官軍方が大きな戦果を挙げたと見られる。さらに801年（延暦20）にも、坂上田村麻呂を征夷大将軍とする大規模な征夷軍が派遣され、この後、北上川中流域には胆沢城（岩手県奥州市）、志波城（し　わ）（同盛岡市）といった城柵が相ついで造営された。奥羽山脈の西側にあたる秋田県内陸部（横手盆地）においても、出羽国最大級の城柵である払田柵跡（ほったのさく）（秋田県大仙市（だいせん）　第２次雄勝城か）が造営される。

　その最中の802年（延暦21）４月、エミシの族長大墓公阿弖流為（おおはかのきみ）（いわ）と磐具公母礼（とものきみ も れ）が「種類500人」を率いて服属を申し出、胆沢エミシの組織的な抵抗は終わりをつげた。田村麻呂は２人を平安京に連行し、公卿（く ぎょう）たちの前で、今後のエミシ社会の統治の為に彼らの活用を主張したが、この助命嘆願も実らず２人は処刑された。

　805年（延暦24）12月、桓武天皇は、即位以来国力を挙げて取り組んできた「軍事」（エミシとの戦争）と「造作」（平安京造営）という二大事業の中止を命じる。父光仁天皇の時代から繰り返されてきた戦争は、奥羽の現地のみならず、大量の兵士や物資を送り込んだ坂東（関東地方）をもいちじるしく疲弊させ、これに依存した大規模な戦争は、もはや続行不能となっていた。

［参考文献］
鈴木拓也『蝦夷と東北戦争』（戦争の日本史3、吉川弘文館、2008年）
今泉隆雄『古代国家の東北辺境支配』（吉川弘文館、2015年）
熊谷公男編『蝦夷と城柵の時代』（東北の古代史3、吉川弘文館、2015年）
鈴木拓也編『三十八年戦争と蝦夷政策の転換』（東北の古代史4、吉川弘文館、2016年）

東北地方と北アジア世界

　7世紀末、ツングース系の靺鞨の一部と高句麗の遺民が合流し、現在の中国東北地方〜ロシア沿海州の一帯に渤海（698〜926）を建国した。渤海は奈良・平安時代の日本との往来が盛んであり、8世紀には渤海使節が出羽国に6回到来した。762年建立の多賀城碑には、漢文で多賀城から「靺鞨國界」まで「三千里」あると刻まれている。ここでの「靺鞨國」が指す対象については諸説あるが、漢文では国名や族名に古称を用いる場合があり、また実際に8世紀の唐の史料で渤海を「靺鞨」と呼んでいる例がみとめられるので、すでに成立していた渤海を指す可能性もある。

　中世の豪族安藤（安東）氏が拠点を置いた十三湊（現青森県十三湖）は、北方の蝦夷地と西日本を結び、中国や朝鮮の船舶も寄港する環日本海地域有数の国際貿易港として繁栄を極めた。13世紀後半にモンゴル帝国統治下の中国（元）に滞在したマルコ・ポーロの『東方見聞録』により、日本は「黄金の国ジパング」としてヨーロッパに伝えられた。中国の東方海上に黄金豊かな島国があるという風聞そのものは以前から存在し、アラブ・イスラーム世界にまで及んでいたが、上述の国際交易ネットワークを通じて奥州産の黄金や平泉の中尊寺金色堂（1124年建立）の存在が伝えられ、風聞の内容を増幅させたことも想定できよう。

　17世紀前半、ロシア人がアムール川流域に達し、北アジア世界で

大きな存在感を示すようになった。18世紀には、仙台藩江戸屋敷の藩医であった工藤平助が『赤蝦夷風説考』を、仙台城下に暮した林子平が『海国兵談』を著し、ロシア南下への警戒や北方の防衛強化の必要性を唱えた。結局、1854年の日米和親条約によって箱館（現函館）が開港し、ロシアは領事館を設置した。またこれを契機として、東北各地に東方正教（ハリストス正教）が布教されることになり、教会の建設がすすんだ。

　このように、歴史的にみて東北地方は、日本列島における「北アジア世界との交流の窓口」ともいえる役割を果たしてきたといえる。

［参考文献］
山下須美礼『東方正教の地域的展開と移行期の人間像—北東北における時代変容意識—』（清文堂出版、2014年）
古畑徹『渤海国とは何か』（吉川弘文館、2017年）

07.

古代国家の転換と東北

「征夷」の終焉と
エミシ社会

　811年（弘仁2）、文室綿麻呂を征夷将軍として、閉伊（岩手県宮古市周辺か）・爾薩体（同二戸市付近）村への征討が行われた。これは陸奥・出羽国内の負担のみによって行われた、いわば桓武朝の征夷の後始末ともいうべき戦争であり、しかも実際の戦局を動かしたのは、政府方に協力したエミシ（俘囚）の勢力であった。この戦闘の後陸奥国では城柵守備兵の大規模な縮減が行われ、陸奥最北端の城柵であった志波城は、その南10kmにある徳丹城（岩手県矢巾町）に、大幅に規模を縮小する形で移転。774年から続いた「三十八年戦争」はここに終焉を迎える。

　長きにわたる戦争で最も大きな被害を受けたのは、主戦場となった、北上川中流域のエミシの村々である。特に重要なのは、戦争の結果、多数のエミシが強制的に他国へ移住させられたという事実である。エミシの移配は794年（延暦13）の戦いの後に本格化したとみられ、彼らの移配先は九州から坂東まで全国にわたった。

　数度にわたる戦闘、さらには戦後に行われた大規模なエミシの移配によって少なからぬ人口を失い、この地域のエミシ社会の秩序は大きく破壊された。しかも占領統治のための武力であった軍団兵士や鎮兵も大きく削減され、エミシ社会の要地に建設された胆沢城や徳丹城は、こうした不安定な状況の中で、現地に残されたエミシの統治という新しい課題を負うことになった。一方各地に移住したエミシたちもまた、移住先で様々な軋轢に

遭遇した。それは彼らの地域社会の中での「同化」が決して容易ではなく、かえって新しい差別が生み出されていたことを示している。

陸奥奥郡の騒乱とエミシ系豪族

　9世紀半ばになると、徳丹城は廃絶し胆沢城に置かれた鎮守府（ちんじゅふ）が陸奥北部の政治的拠点として中枢的な役割を果たしていくこととなる。一方で現実には、陸奥北部では不安定な社会状況が続き、とりわけ830年代の後半から850年代にかけては、エミシ系住民の不穏な状況を恐れて住民たちが競って逃亡する事態が頻発した。それは長期にわたって続いた戦争の後遺症ともいうべきものだが、一方で政府に協力的なエミシ系の豪族が騒乱の鎮圧に功績を挙げて褒賞されており、エミシ系豪族の登用が進められたことも注目される。

　かつてのように移民とエミシとを峻別し、前者を中心に後者を押さえ込むという方法では、奥羽北

図15 9世紀後半頃の東北地方北部

部の地域支配は成り立たなくなっていた。民（移民系）か、夷（エミシ系）か、という区分を越えた統治という課題は、この時期に頻発した災害への対応に象徴的にうかがえる。869年（貞観11）に陸奥国で発生した大規模な地震・津波（いわゆる貞観地震）に際しても、政府は「民夷を論ぜず」被災者を尋ね様々な救済措置を執るように命じている。このように、長い時間をかけ、民・夷の区分を越えた新しい統治の形が模索されていったことにも注意したい。

元慶の乱と北奥社会の変化

878年（元慶2）3月、秋田城から米代川流域の能代・鹿角（上津野）にかけての「秋田城下」のエミシ（俘囚）の12の村々が連合して蜂起し、秋田城及び城辺の民家を焼き打ちした（元慶の乱）。この乱で注目したいのは、「反乱」を起こしたエミシ（俘囚）の村々が「秋田城下」とされ、彼らの「反乱」が、秋田城司良岑近による容赦ない「聚斂」「徴求」への反発として起こっていること（『藤原保則伝』）である。この事件の前提には、秋田城がその北方の米代川流域までの広い範囲のエミシ（俘囚）を管轄下におさめ、重税を課すことができるような支配関係が出来ていたことがあった。当時秋田城は、獣皮や馬・鷹など北方の産物を求めて貴族たちの使者が集まる場であり、俘囚の蜂起は、こうした品々の調達をめぐる俘囚の村々に対する圧力を背景としていたのではないだろうか。

　一方、この時の反乱軍に、津軽地方のエミシが多く加勢していることも注目される。津軽エミシは「秋田城下」の12村の俘囚とは明確に区別され、律令国家の支配下には置かれていない集団と見られるが、彼らが反乱軍に加勢しているのは、津軽地方のエミシ社会と米代川流域など秋田「城下」のエミシ（俘囚）の村々との間にも、利害を共有するような日常的な関係があったことの現れとみられる。考古学の調査成果からは、9世紀末から10世紀にかけて、米代川流域や津軽地方で集落が増加することが指

摘されている。元慶の乱との前後関係など、今後の調査をまって検討すべき課題は多いが、この頃、秋田城の北方から津軽にかけての北奥地域で、新たな社会変動が起こりつつあったことは認めて良いであろう。

地方支配制度の転換と奥羽

古代国家の地方支配は9世紀半ば以降大きく変容し、9世紀末には「受領（ずりょう）」とよばれる最上席の国司に地方行政の責任と権限が集約されていく。10世紀後半から11世紀初頭になると受領の存在感はさらに増し、受領が地方で蓄積した富を前提に、中央への貢納制度も再編されていった。

いっぽう地域社会では、9世紀以降、それまで郡司の職を世襲してきた伝統豪族に加え多くの新興の豪族が成長し、さらに10世紀後半頃になると、在地豪族は「在庁官人」（在庁・庁官）として国衙（こくが）の実務を担い、受領を核とした形で新しい地方社会の秩序

図16 10〜11世紀の東北地方

が編成されていく。いわゆる摂関政治の時代に花開いた華やかな王朝文化は、こうして再編された地方支配・財政システムを基盤とするものであった。

　陸奥・出羽の両国でもこのような変化が進行したが、更に奥羽の特色として2つの点に注意しておきたい。1つは、奥羽両国の貢納制における特殊性である。両国の受領は金や獣皮、馬など貴族社会の需要が高い産物の中央への貢納を請け負っており、10世紀になるとこれらの品々の交易貢納制が強化された。奥羽の受領たちは、彼らに与えられた権限を駆使して、交易や徴税などによってこれらを調達し政府に貢納するとともに、自らの社会的地位を維持・保全するために、摂関家などの上級貴族への献納を行っていく。

　もう1つは、「国ノ兵」とよばれるいわゆる地方軍事貴族の存在である。これは坂東とも共通する特色である。10世紀の坂東では平将門の乱において活躍した平貞盛・藤原秀郷やその一族の活動が有名だが、10世紀後半から11世紀頃には陸奥国でもそうした人々が活動し、受領にとってはこうした「兵」たちを自己の指揮下に置くことが、重要な課題となった。彼らは、国司や鎮守府将軍などへの任命、あるいは受領郎等などとしての赴任などを契機に奥羽国内での地盤を築き、国内の他の「兵」との間に婚姻関係などを通じた私的なネットワークを構築して、在来の豪族層を取り込みながら新しい地域の政治秩序を形成していった。その中で登場してくるのが、安倍氏や清原氏といった豪族である。

安倍・清原氏の出現とその背景

受領制支配の再編期に当たる10世紀後半頃になると、胆沢城や秋田城・雄勝城（払田柵）などの北辺の城柵はそろって廃絶に向かう。これと入れ替わるように成長してくるのが、安倍氏や清原氏といった、北上川中流域や横手盆地を広域的に支配する大豪族である。1051年（永承6）、かねてから陸奥国司へ

の抵抗を繰り返していた奥六郡（北上川中流域の胆沢・江刺・和賀・稗貫・斯波・岩手の6郡）を拠点とする豪族安倍氏の族長安倍頼良が、陸奥・出羽両国の連合軍と合戦しこれを破るという事件が起こる。この紛争はその後河内源氏 源 頼義の陸奥守任官を契機にいったん終息するが、頼義の任期終了直前に両者の関係は破綻。1062年（康平5）まで断続的に続いた戦闘は、出羽山北三郡（横手盆地）の豪族清原 武則が頼義の懇請に応じ参戦したことでようやく決着した（前九年合戦）。

　『陸奥話記』には安倍氏が頼良の父祖の代から威勢を振るっていたと記され、その最重要拠点とみられる鳥海柵跡（岩手県金ケ崎町）の調査成果をも踏まえると、遅くとも11世紀前半までには有力な豪族となっていたと考えられる。至近距離にある鳥海柵跡と胆沢城の関係から考えると、安倍氏の奥六郡に対する支配には、胆沢城鎮守府の公権力を引き継いでいる面があると考えられる。また安倍氏の「兵」としての側面にも注意しておく必要があろう。曰理郡（宮城県）に地盤を持ち陸奥国府の有力在庁と考えられる藤原 経清（秀郷流藤原氏、藤原 清衡の父）と安倍氏が婚姻関係で結ばれていたように、安倍氏は陸奥国有数の「兵」として、在庁官人や郡司を務める陸奥南部の豪族＝「兵」たちにも重視される存在であった。

　こうした理解は、「山北三郡」（横手盆地）の俘囚主として威を振るった清原氏にも当てはめてよかろう。その重要な拠点と見られる横手市大鳥井山遺跡も11世紀に入る頃から柵として本格的に整備されている。

　いっぽう秋田・岩手県北部から青森県域にかけての北奥地域では、やはり安倍氏や清原氏が台頭・活躍した10世紀後半から11世紀にかけて、集落を環濠や土塁で取り囲む、いわゆる「防御性集落」（囲郭集落）が広く作られた。その性格や成立年代をめぐっては議論もあるが、この地域の村々が紛争に備えねばならない何らかの不安定な状況に置かれていたことの現れとみることができる。こうした状況は、同時期の安倍氏や清原氏の動向とも無関係ではあるまい。その背景として注意しておきたいのが、先

に挙げた、北方産物の貢納制であろう。貴族社会での需要増大に伴い、貢納責任を負う陸奥・出羽両国が奥羽北部の社会に対し働きかけを強めたことが、交易を仲介する集団どうしの紛争を誘発したのではないだろうか。安倍氏や清原氏は、こうした北奥地域と陸奥・出羽国府とを仲介する位置にあり、その入手・流通に重要な役割を果たしていた可能性が高い。

安倍・清原氏から奥州藤原氏へ

前九年合戦のあと、清原武則はその軍功によって従五位上鎮守府将軍となり、清原氏は安倍氏の地盤である奥六郡に入部して奥羽にまたがる大豪族となる。1070年（延久2）、陸奥守源頼俊は「衣曽別嶋」（北海道南部）や「閇伊七村」（岩手県沿岸部）への軍事遠征を行うが、その際に清原貞衡（真衡の誤りとする説もある）が副将軍を務めているのも、そうした清原氏の勢力の大きさを示すものであろう。

いわゆる後三年合戦（1083～87年）は、この奥羽最大の「兵」清原氏に起こった内紛に源頼義の嫡男源義家が介入した事件である。清原氏の族長位を継承した真衡と、藤原経清の遺児で母の再婚により清原氏の人間となっていた清衡らとの間で発生した内紛は、真衡の死去によって清衡とその異父弟家衡の抗争へと転じ、義家の協力を得た清衡が最終的に勝ち残り清原氏の遺産を継承する。戦後清衡は奥六郡の南の出口にあたる平泉に居を移すが、それは奥羽の「兵」たちによる激しい抗争に終止符を打ち新たな地域統合を目指す、「奥州藤原氏」の時代の幕開けであった。

［参考文献］
三浦圭介・小口雅史・斉藤利男編『北の防御性集落と激動の時代』（同成社、2006年）
樋口知志編『前九年・後三年合戦と兵の時代』（東北の古代史5、吉川弘文館、2016年）

青森県史編さん通史部会編『青森県史通史編1　原始　古代　中世』（青森県、2018年）

II

中世

01.

平泉藤原氏の繁栄
院政時代

平泉藤原氏の登場　2011年6月、岩手県平泉町の中尊寺・毛越寺・観自在王院跡・無量光院跡・金鶏山が、資産名「平泉—仏国土（浄土）を表す建築・庭園及び考古学的遺跡群—」として、ユネスコの世界遺産リストに登録された。12世紀、仏教にもとづく独自の文化をはぐくみ、都市平泉を築いたのが、4代にわたり君臨した平泉藤原氏（奥州藤原氏）である。陸奥・出羽両国（東北地方）における中世という時代は、平泉藤原氏のもとで幕を開ける。

　その初代清衡は、1100年（康和2）頃、江刺郡豊田（岩手県奥州市）から衣川を越えて磐井郡平泉へ拠点を移したと考えられる。清衡は、多賀城（国府）の在庁官人として陸奥守（国司）に従い、亘理郡（宮城県）を支配した武士（「兵」）藤原経清（平将門追討に活躍した藤原秀郷の後裔）と、安倍頼良（後に頼時と改名）の娘との間に生まれた。前九年合戦（1051～62年）において、安倍氏の側に味方した父経清が滅亡すると、母の再婚相手となった清原武貞に受け入れられる。

　やがて、清原氏一族の内紛から始まった後三年合戦（1083～87年）の中で自立し、最終的には安倍氏の勢力範囲であった奥六郡・清原氏の勢力範囲であった山北三郡双方を掌握するにいたった。京都と関東を往来し朝廷に奉仕する武士の血統と、奥羽両国の地に根付き、鎮守府・雄勝城による支配の後継を現地において担ったとおぼしい豪族の力とが融合することにより、平泉藤原氏は誕生したのである。

平泉における初代清衡の住まいは、湿潤な谷地と北上川に接した現在の柳之御所遺跡の場所に構えられた。空堀によって内外を区画する構造や、高舘丘陵を砦のように見立てる景観は、巨大な二重堀や柵列・土塁などを備えた清原氏の拠点大鳥井山遺跡（秋田県横手市）との類似性が指摘されている。ただし清衡の屋敷には、長大な堀以外に目立った防御施設は認められない。それは、京都から下ってきた官人（文士）などをスカウトし、広大な勢力範囲の経営にいそしむための施設、国司の宿館に比肩すべきもう１つの館としてのスタートだったと考えられる。

中尊寺の造営

　11世紀後半から12世紀初め、天台宗比叡山延暦寺は国家的な仏教権門の地位を確立し、その教線を広げていた。清衡は、この天台宗勢力の知識・技術・情報を積極的に受け入れ、仏教をバックボーンとする領主権力を立ち上げていく。

　平泉に本拠を移した清衡は、まず中尊寺の創建に着手した。1105年（長治2）に多宝寺（最初院）、1107年（嘉承2）に二階大堂の大長寿院、翌年（天仁元）に釈迦堂（金堂）が完成する。こうした中尊寺の伽藍配置の出発点には、白河関（福島県）から津軽外浜（青森県）へ通じる奥大道（陸奥国の幹線道路）において、１町ごとに金色の阿弥陀如来を描いた笠卒塔婆を置き、その中央にあたる平泉の関山丘陵上に１基の塔を建てる、ということがあった。いわば公道ともいえる奥大道に対して、清衡は仏教の権威を用いながら整備にたずさわり、さらにそのルートの中心に中尊寺を配置することによって、自らの権威づけをもまた企図したのである。そして1124年（天治元）には、自身の遺体を納める私的な廟所として、金色堂を建立するにいたる（以後ここには、清衡だけでなく2代基衡・3代秀衡の遺体と、源頼朝に滅ぼされた4代泰衡の頸が納められることになる）。

　さらに、その2年後（大治元）、白河上皇のための御願寺として、「鎮護

国家大伽藍一区」（造営地は、現在の中尊寺大池跡に推定される）が完成する。そもそも清衡は、平泉に拠点を移す以前から、京都の摂関家藤原氏との間に関係づくりを始めていた。また、陸奥守に任じられた白河上皇の近臣たちとの交流を介して、上皇の周囲にも近づいていく。こうして清衡は、白河上皇のもとで成立した院政（天皇の父方の尊属が、人事権など政治の実権を握る）という京都朝廷の新たな政治体制・人脈へも連なるにいたった。そのコネクションは、平泉藤原氏が奥羽両国において立場を強め、また摂関家領荘園の管理など利権を確保していく中で、大いに役立てられたのである。

都市平泉の発展

1128年（大治3）、清衡が死去すると、跡目争いに勝利した2代基衡は、陸奥守藤原基成との友好関係や貢馬・貢金などを通じて、天皇家との関係をさらに直接的なものとしていく。基衡は、平泉において毛越寺を創建するが、その完成形態は、京都近郊の「四円寺・六勝寺」（天皇家の御願寺群）の「円」「勝」の文字をいただく円隆寺・嘉勝寺のセットとして構想された。また基衡の妻も、毛越寺の造営に合わせて、その東隣に観自在王院を建てる。こうして基衡は、清衡の居館を引き継ぎつつも、毛越寺の周辺を大規模に整備していく。毛越寺南大門から東へ延びる大路とそれに交差する道が造られ、その大路沿いには、手工業者の住居や「高屋」と呼ばれた倉庫群などもみられるようになる。

基衡の後期には、柳之御所遺跡に位置した居館の改造も進められた。堀については何度か改修され、従来の堀の内側へ新たな堀の付け替えが行われる。また、その敷地の中心部は板塀で囲まれ、並立する2棟の建物と池が配置された。

3代秀衡の後半以降も、柳之御所遺跡内部の整備は続けられる。池は中島を備えたものとなり、建物の構造や配置にも変化がみられた。そして、

池跡から大量にみつかった手づくねのかわらけをはじめ、国産の陶器（壺・甕）・中国産の輸入陶磁器（白磁の四耳壺など）・木製品（飲食物を載せる折敷、漆塗りの椀皿）など多様な出土品の数々からは、平泉藤原氏の政治のあり方が、朝廷のそれと同様であり、宴会儀礼を盛んにともなうものであったことが判明する。

　このような遺構の状況・遺物の内容によって、秀衡の時期の柳之御所遺跡は、『吾妻鏡』（鎌倉幕府が作成した歴史書。14世紀初頭に成立）に記された平泉藤原氏の政庁「平泉館」に比定することができる。それは金色堂の正方に位置することから、父祖の墳墓堂に見守られた居館であり、平泉のまちづくりは、その居館を基軸として展開した。秀衡は、「平泉館」の西側に堀をはさんで常の居所（「伽羅御所」）を新たに設け、さらに晩年になると、その居所の東側に隣接して平等院鳳凰堂（京都府宇治市）を模した無量光院を建てるにいたる。

　都市平泉は、清原氏の拠点の姿を起点に置きながら、浄土の信仰を体現する寺院群をつぎつぎと造営し、朝廷の政治のあり方・文化をも取り込むことによって、独自の発展をとげたのである。

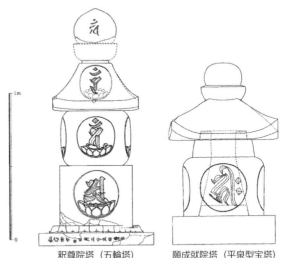

釈尊院塔（五輪塔）　　願成就院塔（平泉型宝塔）

図17 平泉の石塔
平泉の研究については、石塔類の調査も大きく進展した。左は、仁安４年（1169）の年号を刻む日本最古の現存する五輪塔。右は、平泉周辺に分布する特徴的な形態をもつ宝塔の一つ。（『平泉周辺石造物集成』より転載）

北方世界との結びつき

各地における天台宗の広がりについては、法華経などの書写（如法経）を勝地に埋納する経塚の盛行からもうかがうことができる。平泉とその周辺では、金鶏山などのランドマークや、交通路沿いの高台、尾根の先端部など特徴的な場所にマウンド状の高まりが築かれ、経塚が営まれた。また、如法経の外容器には、口縁部を打ち欠き使用できなくした常滑産・渥美産の陶器を用いる作法も認められる。

この経塚の外容器に利用されたとおぼしい常滑産の陶器（常滑産第2期：1151〜74年）が、1959年（昭和34）、北海道厚真町の宇隆1遺跡から発見された。出土地点の地形も平泉周辺における経塚の立地状況と酷似しており、平泉と関わりをもつ宗教者（天台宗の聖、勧進を行う僧侶）の主導によって、この地に経塚が造営されたことを示唆させる。そのうえでさらに推測を重ねるならば、同じく平泉と関わりをもつ商人たちもまたこの地へ足を伸ばし、当時「エゾ（蝦夷）」と呼ばれた人々（「アイヌ文化」の成立時期にあたる）との間に交易関係を形成した可能性も考えることができるだろう。

朝廷が必要としていた鷲の羽やアザラシの皮をはじめとする北方の産物は、平泉藤原氏によってもたらされていた。これは、先に紹介した「鎮護国家大伽藍一区」の供養願文において、清衡が「遠夷の遠酋」「俘囚の上頭」と記され、奥羽北部さらには北方世界を束ねるリーダーとして位置づけられていたこととも関連する。平泉藤原氏の政治権力を支えた北の大地における人々の往来・交流については、考古学の分野を中心に、研究の成果は着実に積み重ねられている。

平泉藤原氏の主従制

柳之御所遺跡の発掘調査はまた、平泉藤原氏をめぐる主従関係の一端も明らかにした。遺跡

内部の井戸跡（12世紀第2四半期〜第3四半期前半）から発見された折敷（おしき）の底板に、平泉藤原氏の一族とその従者たちと考えられる人名を記した墨書が見出されたのである。

　この「人々給絹日記（ひとびとたまうきぬにっき）」というタイトルが付された墨書は、記載した人々へ用意する装束（しょうぞく）（表側記載）と、その縫製を行う絹の分量（裏側記載）を書き上げたメモ（折敷板材の二次利用）と理解することができる（表題の文字の解読や、どちらの面を表・裏とするかについては異論がある）。おそらくは、「平泉館」内部に設けられた縫所のような部署において作成されたものであろう。記載された人名については、①平泉藤原氏の一族［秀衡の2人の子息国衡・泰衡の兄弟、有力一族と考えられる四郎太郎］、②秀衡に仕えた文士［橘実俊（たちばなのさねとし）・橘実昌（さねまさ）兄弟（名字の地は和賀郡橘（わ）〈岩手県北上市（きたかみ）〉）、瀬川次郎（名字の地は稗貫郡瀬川（ひえぬき）〈岩手県花巻市（はなまき）〉］、③秀衡に仕えた平泉・奥六郡内の武士［海道四郎（平泉に居住か）、石埼次郎（名字の地は胆沢郡石埼（いさわ）〈岩手県奥州市（おうしゅう）〉か）］、④平泉に上番し秀衡に仕えた陸奥国南部の武士［石川荘（福島県石川町）の石川三郎・石川太郎、八幡荘（や）（わた）（宮城

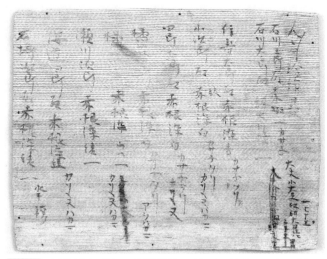

図18　折敷墨書「人々給絹日記」（岩手県教育委員会所蔵）

県仙台市・多賀城市）の陸奥介の一族もしくは信夫荘（福島県福島市）の信夫佐藤氏（平泉藤原氏の第一の郎従）の一族と考えられる大夫小大夫・大夫四郎］に推定、比定される（人名比定についても異論がある）。

　この他にも気仙郡（岩手県陸前高田市ほか）の金氏などを従えつつ、平泉藤原氏は、岩手県中部から秋田県南部の内陸部・宮城県北部一帯にかけて直轄的な領域を形成した。そして、信夫佐藤氏をはじめとする阿武隈川下流域の領主、多賀国府の有力在庁官人陸奥介、宗教勢力である名取熊野別当（宮城県名取市）、石川氏などとの個別的な主従関係を介して、陸奥国南部に対する勢力拡大のための足場を固めていく。「人々給絹日記」は、そのような平泉藤原氏の主従制のあり方を具体的に示す史料としてとらえられるのであり、その内容に対する興味は尽きない。

平泉藤原氏と平氏政権

　1156年（保元元）の保元の乱（天皇家・藤原摂関家の分裂という政治問題を武力で解決）、1159年（平治元）の平治の乱（後白河上皇の近臣同士の争い）を通じて、朝廷における武士の存在感は大いに高まった。2つの合戦に勝ち抜いた平氏の棟梁清盛は、ついに太上大臣にまで昇りつめ、1168年（仁安3）、摂津国福原（兵庫県神戸市）に隠棲すると、日宋貿易の発展に一層の力を入れる。この貿易における輸出品の1つ、また他の輸出品の調達資金に利用されたと考えられるのが、陸奥国から産出された砂金であった。他にも清盛の子息重盛には、気仙郡の金を宋の阿育王山へ寄進し後生を弔ってもらった、という説話が残る（『源平盛衰記』など）。ここに平泉藤原氏と平氏との接点が見出せるのであり、1170年（嘉応2）、藤原秀衡が鎮守府将軍に任官したことも、その関係のうえに位置づけられる可能性がある。

　1180年（治承4）、平治の乱に敗れ伊豆国（静岡県）へ流されていた源頼朝は、後白河上皇の第三皇子以仁王の令旨を受け取り、平氏打倒の兵を挙げた。これに対し清盛の子息宗盛は、1181年（養和元）、畿内・丹

波・近江・伊賀・伊勢国（京都・大阪府、奈良・兵庫・滋賀・三重県）の惣
官となって地域的な武士の政治権力を樹立し、秀衡と越後国（新潟県）の
豪族 城 長茂をそれぞれ陸奥守・越後守に任官させ、反乱軍に対峙する体
制を整える。しかし、秀衡が平泉から出撃することはなかった。この内乱
の中で陸奥国を「もとより大略 虜 掠」（九 条 兼実の日記『玉 葉』）とする
にいたった平泉藤原氏もまた、地域的な武士の政治権力へステップアップ
し、自律した行動をみせたのである。都落ちとなった平氏は、1185年
（文治元）、秀衡の援助を受けて成長した 源 義経（頼朝の弟）の活躍によ
り壇ノ浦の戦いに敗れ、安徳天皇とともに滅亡した。

［参考文献］
小林清治・大石直正編『中世奥羽の世界』（東京大学出版会、1978年）
入間田宣夫編『兵たちの時代』（全3巻、高志書院、2010年）
斉藤利男『平泉　北方王国の夢』（講談社、2014年）
八重樫忠郎『北のつわものの都　平泉』（新泉社、2015年）
柳原敏昭編『平泉の光芒』（東北の中世史1、吉川弘文館、2015年）

02.

奥州合戦と
鎌倉幕府の支配体制
鎌倉時代

**奥州合戦と
平泉藤原氏の滅亡**

　中世は、武士（軍事・武芸を職能とする専門家層）の勢力が大きく台頭し、京都朝廷を凌駕するにいたる武家政権が成立した時代である。治承・寿永の乱において平氏を倒した鎌倉幕府は、1189年（文治5）、源頼朝が自ら出陣し、平泉藤原氏を滅ぼすにいたった。平泉藤原氏の奥羽両国の掌握のあり方、ひいては北方世界との関係を取り込むことにより、鎌倉幕府は、自律した全国的な武家政権として成立する。

　1186年（文治2）、陸奥国の「国土貢」（朝廷への貢物）である貢馬・貢金の扱いをめぐり藤原秀衡と源頼朝の間で交渉がもたれ、鎌倉経由で京都へ送られることが決められた。この交渉において頼朝は、秀衡を「奥六郡の主」と呼び、自らを「東海道の惣官」と名乗る（『吾妻鏡』）。この名乗りを参照すれば、鎌倉幕府もまた地域的な武士の政治権力としてスタートしたのであり、頼朝は平泉藤原氏の支配領域を「奥六郡」の範囲に限定した上で、多賀国府そして陸奥国に対し、事実上、京都朝廷より東日本の支配権をゆだねられた寿永2年（1183）10月宣旨の内容を執行しようとしたと理解することができる。

　1187年（文治3）、病により死の床についた秀衡は、平氏を倒した後、兄頼朝と敵対し平泉に潜伏していた源義経を首長にすえ、子息国衡・泰衡の兄弟がその後見人に立ち鎌倉幕府に対抗する、という構想（源氏の貴種を地域の有力者が後見し、それに武士・文士が従うという鎌倉幕府と同じ体制）

を遺言した（『玉葉』）。しかし、頼朝の圧力に抗しきれないと判断した泰衡は、母方の祖父前陸奥守藤原基成の「衣河館」（岩手県奥州市の衣川遺跡群の一角に所在したのではないかと推測される）において義経を攻め滅ぼす。

　それにもかかわらず、頼朝は奥羽両国の攻略を断行した。1189年、朝廷の許可を得ないまま、全国から28万4000という軍勢（御家人ならびにその従者たち）を動員し、平泉を目指して出陣、最終的には前九年合戦の故地である厨川（岩手県盛岡市）に到達する（奥州合戦）。大手軍（東山道軍）は頼朝自らが率い、東海道軍は下総国（千葉県）の千葉常胤・常陸国（茨城県）の八田知家が大将軍として太平洋沿岸を北上した。また北陸道軍は、越後国に拠点をもつ比企能員・宇佐美実政が大将軍として出羽国へ進軍する。

　これに対し平泉側は、17万の軍勢をもって迎え撃った。しかし、国衡は伊達郡阿津賀志山（福島県国見町）から阿武隈川にいたる長大な堀（一部は巨大な二重堀を造る）をめぐらした陣地において奮戦するも敗死、泰衡もまた国分原鞭楯（宮城県仙台市宮城野区）の陣地を脱出して糠部（青森県下北半島〜岩手県北部）を目指すも、郎従の裏切りによって討たれてしまう（泰衡は、糠部からさらに夷島〈蝦夷島〉へ渡ろうとしていた。厚真町方面へ逃れようとしたか）。厨川へ向かう途中、泰衡の頸を受け取った頼朝は、前九年合戦において源頼義が安倍貞任の頸を懸けた儀式に倣い、泰衡の頸を懸ける政治的なパフォーマンスを行った。これは、奥州合戦の行程そのものが前九年合戦の再現だったことを示すものであり、動員した全国の御家人に対して自分こそが源氏の棟梁であることを知らしめ、鎌倉殿（幕府の首長）の権威の確立に利用したと理解できる。奥州合戦の全国史的な意義は、この政治としての戦争という点にあった。

　その一方で、実際に戦場を駆けた武士団の動向を見ると、たとえば千葉常胤は宮城県南部から福島県の沿岸部（古代・中世において「海道」と呼ば

図19 阿津賀志山と二重堀

れた地域）を、八田知家と甥の小山朝政・長沼宗政・結城朝光の三兄弟
（下野国〈栃木県〉を拠点とする）は福島県の南端一帯を、宇佐美実政は津
軽一帯を恩賞として獲得する。房総・北関東・北陸を拠点とした武士団
は、境を接する奥羽両国への進出を志向し、平泉藤原氏勢力の所領を制圧
しながら軍勢を進めたのであった。一方、幕府軍に対峙した陸奥国南部在
来の領主の側についても、注目すべき動きが認められる。石川氏・岩城
氏・楢葉氏・標葉氏ら福島県南部・浜通りの武士団の一部、陸奥介ら多賀
国府在庁官人の一部は、平泉藤原氏の軍勢から離脱し、幕府軍への合流を
果たしたと考えられるのである（そこには、彼ら武士団の一族の間で起きて
いた、所領の開発・獲得をめぐる競合的な関係が作用した。幕府軍に合流した
一族は、後述のように陸奥国御家人となる）。生き残りをかけた彼らの政治
的な判断は、合戦の勝敗にも少なからぬ影響を与えたといえるだろう。地
域の視点から奥州合戦をとらえた場合、平泉藤原氏や頼朝といった為政者
の思惑だけではなく、戦場の帰趨を決定づけた陸奥国南部・北関東の領主
たちの主体的な行動や意思もまたクローズアップされることになる。

鎌倉幕府による
奥羽両国の掌握

　平泉を攻略した源頼朝は、葛西清重に陸奥国住人の御家人登録に関する手続きと、平泉の治安をゆだねた。葛西氏は、鎌倉殿の代官として、平泉における寺社の行事の保護などを担当するようになる。また頼朝は、朝廷に対して「奥州羽州地下管領」を要求した。これは、治承・寿永の乱の過程において平泉藤原氏が奥羽両国の国府機能を接収し、事実上、両国の荘園公領の土地支配に及んだ権限（『玉葉』が記した「もとより大略虜涼」の状態）としてとらえることができる。鎌倉幕府は、平泉藤原氏が達成した地域支配の実質を強引な戦争によって奪い取り、朝廷の承認を得ることによって、その継承の正当化を図ったのである。

　奥州合戦の直後には、泰衡の郎従であった大河兼任が反乱を起こした。ただちに幕府軍によって鎮圧されるが、頼朝は、この乱に加わった多賀国府の留守所に代えて、伊沢家景（もとは京都の官人で、葉室光頼に仕えていた文士）を陸奥留守職に任命し、新たに多賀国府へ派遣する。家景は、現地支配に通暁した「案内者」として宮城県塩竈市の在来の領主である佐藤氏を執事に登用し、在庁官人を指揮して国務を執行した。その子孫は、職名にちなんで「留守」という名字を名乗るようになる。また家景には、葛西清重とともに平泉の寺院群の修理や藤原秀衡の後家の保護という任務も与えられた。平泉の葛西氏（ただし惣領は、日常、鎌倉や本拠地の下総国葛西御厨〈東京都〉に居住していたと考えられる）と多賀国府の留守氏は、陸奥国において特別な役割を担った存在であり、「奥州惣奉行」と呼ばれる。

　出羽国の留守所についても、1220年（承久2）の段階で遊佐荘北目（山形県遊佐町）の地頭職を得ていることから、御家人が就任していたと考えられる。また北部の秋田城（秋田県秋田市）については、1218年（建保6）、出羽城介に任官して以降、「秋田城介」の称号を世襲するようにな

る安達氏が支配した。同氏は、北条氏（頼朝の妻政子の生家）嫡流の家督（「得宗」と呼ばれ、事実上、幕府の最高指導者となる）の外戚の地位を得た有力御家人であり、後述する「東夷成敗」についても、日本海側北部方面から関与したと考えられる。

　とくに、2度のモンゴル襲来（1274年文永の役、1281年弘安の役）を戦った執権北条時宗が没した後、14歳の新執権貞時（時宗の子息）を守り立て、弘安徳政と呼ばれる幕府の政治改革を主導した安達泰盛（時宗の義兄にあたり、秋田城介から陸奥守となって時宗を補佐した）は、奥羽両国以外の東国の「御牧」（馬産のための幕府直轄の牧）を停止する政策を打ち出すなど、幕府の東国支配における奥羽両国の役割を特化しようとしていたふしがある。泰盛は、戦争体制を強化する中で、鎌倉殿のもとに武士階級が結集する政権のあり方を構想したといわれるが、1285年（弘安8）、貞時の執事（内管領）平頼綱との政争に敗れ滅亡した（霜月騒動）。以後、鎌倉幕府の政治は、執権北条氏が主催した有力御家人の評定会議を中心とする体制（執権合議制）から、得宗とそれを取り巻く北条氏一族・一部の有力御家人・御内人（得宗の家来）たちが主導する体制（得宗専制）へと移行していく（得宗専制の成立をいつに見るかについては、複数の説が提示されている）。

鎌倉幕府御家人制の地域的展開

　奥州合戦を戦った関東の御家人たちは、恩賞として源頼朝から奥羽両国の郡（公領）・荘園・保を単位とする地頭職を与えられた。その権限は、土地調査や年貢収納、軍事警察、住民の裁判、寺社造営の催促など広範に及ぶ。中でも頼朝側近の有力御家人たちは、単位所領を越えて広域的にまとまった地域を獲得した。先に紹介した千葉常胤・宇佐美実政・八田知家と小山氏の三兄弟の他にも、葛西清重は磐井・胆沢・江刺・気仙・牡鹿の五郡、興田・黄海の二保（岩手県金ヶ崎町・奥州市〜宮城県石巻市・女川町）という平泉藤原氏の

根本基盤ともいえる一帯を支配する（牡鹿郡が飛び地となっているのは、北上川水運を管掌するためであろう）。また、大江広元は出羽国の南部内陸地域一帯（山形県）を、三浦氏は会津一帯（福島県）を獲得したと考えられる。このように鎌倉幕府の成立に貢献した有力御家人たちは、奥羽両国の主要な部分を分割領有するにいたった。1275年（建治元）に作成された京都六条八幡宮の造営費用を御家人へ割り当てたリスト（「六条八幡宮造営用途支配注文写」）を参照すると、彼ら有力御家人の子孫のほとんどは、「鎌倉中」の御家人グループ（多くは、挙兵以来一貫して頼朝に従った由緒をもつ武士団の家）に所属していた。

　その一方で、各国に配属された御家人も存在する。上記の御家人への割り当てリストには、「陸奥国」の御家人グループに15個、「出羽国」の御家人グループに5個の造営費用を負担する単位が記されていた（「陸奥国」の負担単位に陸奥介が見えないことなど、かならずしも国御家人全員が列挙されたわけではないと考えられる）。その内容を見ると、「陸奥国」15個の負担単位は、さらに3つに分類することができる。1つ目(A)は、「陸奥国四貫」という陸奥国そのものに課された負担である。これは、幕府が獲得した「奥州羽州地下管領」の権限に基づくものであり、陸奥国に所領をもつ御家人全体、もしくは荘園公領に課された公事から充当されたのではないかと考えられる。

　2つ目(B)は、奥州合戦から大河兼任の乱の時期に、陸奥国の新恩所領へ拠点を移した関東出身の御家人である。多賀国府の留守氏、宮城郡本郷（仙台市宮城野区）の宮城氏（伊沢家景の弟家業を祖とする）、志田郡（宮城県大崎市）の泉田氏（武蔵国〈埼玉県・東京都・神奈川県の一部〉の出身か）、新田郡（宮城県登米市）の河原毛氏・新田氏（下野国出身小野寺氏の一族）、志田郡の古河氏（相模国〈神奈川県〉出身渋谷氏の一族か）、新開氏（武蔵国出身で標葉郡〈福島県双葉町・浪江町周辺〉周辺に拠点を置いたか）を指摘できる。これらは新開氏を除き、多賀国府から宮城県北部一帯に展

開した幕府進駐軍の国御家人化であり、平泉藤原氏の直轄的な領域（葛西氏が引き継いだ）の南側に配置するという一定の政策的な意図をうかがうことができる。

　３つ目(C)は、平泉藤原氏の滅亡後も本拠地に存続し、頼朝との間に主従関係を結んだ陸奥国在来の御家人である。信夫佐藤氏（奥州合戦後、名取郡司・熊野別当とともに頼朝から赦免を受けた）、岩崎郡（福島県いわき市）の岩崎氏と岩城郡（同市）の岩城氏（両氏は同じ先祖から分かれた）、石川荘の小平人々（石川氏の同族集団）、楢葉郡（福島県楢葉町・富岡町周辺）の楢葉氏、標葉郡の標葉氏、刈田郡（宮城県白石市・蔵王町・七ヶ宿町）の三沢氏（『吾妻鏡』の奥州合戦記事の内容から、後述する安藤氏の一族と考えられる）を指摘できる。これらの中には、関東の御家人や北条氏を地頭としていただいた者もあり、地頭代や「案内者」に登用されたと考えられる。現地の支配は依然、彼らの力量によって貫徹されていたといえるだろう。

　「出羽国」の５個の負担単位についても、「陸奥国」の(B)(C)タイプの御家人を指摘することができる。前者は、武蔵国出身で大泉荘（山形県鶴岡市）を所領とした大泉氏（武藤氏の一族、後の大宝寺氏へとつながる）と、常陸国出身と考えられる国井人々（国井保〈茨城県水戸市〉を拠点とした佐竹氏の同族集団か。出羽国における所領は未詳）である。後者については、由利郡（秋田県由

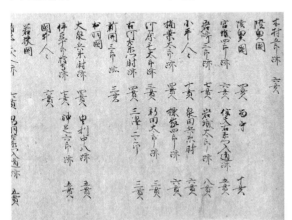

図20　六条八幡宮造営用途支配注文写
「陸奥国」・「出羽国」項（国立歴史民俗博物館所蔵）

利本荘市・にかほ市・秋田市の一部）の由利氏があげられる。平泉藤原氏の郎従であった由利氏は、奥州合戦後に赦免されたものの、1213年（建保元）、幕府の侍所別当であった和田義盛の乱（和田合戦）に荷担した疑いを受け所領を没収された。このとき、由利郡の地頭職は、頼朝の跡を継いだ2代頼家・3代実朝の兄弟を養育した大弐局に与えられている（『吾妻鏡』）。また、残り2個の伊豆氏と神足氏については未詳であるが、菅江真澄『軒の山吹』（1811年）には「飽田の郡神足庄」という地名が見えることなどから、神足氏は秋田郡周辺に拠点を構えていた可能性がある。

東夷成敗権と北条氏所領の拡大

鎌倉幕府の政治史は、北条氏の権力確立の過程として描くことができる。前述のとおり奥羽両国の主要部分は、関東の有力御家人によって分割領有された。したがって、幕府の指導者層の間で政争が起きるたび、勝者となった北条氏の勢力は、敗者の没収地を獲得し奥羽両国の所領を拡大させていく。その所領群から得られる年貢・公事は、幕府のための財源としても用いられた。

このうち津軽の地頭職は、大河兼任の乱の後、宇佐美実政から北条時政へ移動したと考えられる。それを継承した時政の子息義時は、「東夷の堅め」として、在来の領主である安藤五郎（安藤氏は安倍氏の同族と考えられる）を現地の代官に抜擢した（『保暦間記』）。この「東夷の堅め」は、鎌倉幕府が固有に保持した「東夷成敗」（14世紀初頭に成立した幕府の法律・裁判のための手引書『沙汰未練書』に記された「武家の沙汰」の一つ）に通じるものと考えられる。これは、日本国の東の境界と認識された外浜を支配し、対岸に位置する夷島にも関与することによって、流刑人の処置やエゾとの交易の管理などにたずさわる権限としてとらえることができるだろう。義時は陸奥守にも任官したから、この権限を差配する立場についたと推測される。

なお、厚真町オニキシベ2遺跡において発見されたアイヌの墓所から

図21 奥羽両国の荘園公領

は、瑞巌寺遺跡（宮城県松島町、中世の松島寺＝円福寺）など北条氏と関係が深い場所から発見されるスタンプ施文の漆器が検出された。他の史料も合わせて考えれば、安藤氏ら北条氏勢力とアイヌとの交易活動が想定されるのであり、平泉藤原氏の勢力が北方世界の窓口とした拠点は、そのまま鎌倉幕府によって継承された可能性が高い。

　得宗の代官として東夷成敗権を執行した安藤氏は、現地におけるその権限を「蝦夷の沙汰」と呼び、惣領家が相伝する所職の1つに組み込んだ。また、その所領は、13世紀から15世紀半ばにかけて繁栄した十三湊（五所川原市）を擁する西浜、外浜、糠部宇曽利郷（下北半島）という青森県沿岸部一帯に及ぶ。さらに一族の分布は、秋田県男鹿半島の周辺や糠部の沿岸部、遠島と呼ばれた宮城県牡鹿半島から新北上川の河口部一帯、そして内陸の刈田郡などへと広がりを見せていた。これらは、いずれも北条氏の所領であり、あわせて交通の要衝・結節点という特徴を指摘することができる。こうした所領群の経営を現地において担った安藤氏ら北条氏勢力の活動が、幕府の屋台骨を支えていた。

［参考文献］
川合康『源平合戦の虚像を剥ぐ』（講談社、1996年）
七海雅人編『鎌倉幕府と東北』（東北の中世史2、吉川弘文館、2015年）
入間田宣夫『藤原秀衡』（ミネルヴァ書房、2016年）

日本人初のエルサレム巡礼者と東北のキリシタン

　「1618年（元和4）4月2日、日本のペトルス殿」。聖墳墓教会を管理するフランチェスコ会作成の巡礼者受入名簿に、我々は日本人初のエルサレム巡礼者であるペトロ岐部カスイの名前を確認することができる。国東半島（大分県）の浦辺水軍衆の中心にあった岐部家は、大友義鑑・義鎮（宗麟）親子に仕えた。1578年（天正6）に受洗した宗麟の影響下で、ペトロの父も改宗した。しかし1587年（天正15）、豊臣秀吉が博多にて伴天連追放令を発布する。宗麟の嫡男、義統も棄教を余儀なくされたが、ペトロが生まれたのもこの年であった。1600年（慶長5）、彼は長崎および島原の有馬のセミナリヨ（小神学校）に学んだ。教師の中にはかのジュリアン中浦もいた。しかし、全国に禁教令が敷かれた1614年（慶長19）、彼はマカオへと向かった。上記のエルサレム巡礼から2年後、彼はローマに到着し、そこで司祭に叙階された。そして1623年（元和9）、彼はリスボンから帰国の旅路に就いたものの、日本入国は容易でなく、アユタナなどでの潜伏を余儀なくされた。1630年（寛永7）、乗っていた船が難破したことがかえって幸いし、彼は長崎に赴くことができた。第1次鎖国令が出された1633年（寛永10）、ペトロは迫害の激しくなった長崎を去り、後藤寿庵の残した「キリシタン王国」に向かった。

　1577年（天正5）、陸奥国磐井郡藤沢城主の岩淵秀信の三男として岩淵又五郎は生まれた。兄の信時が豊臣秀吉に討たれた後、又五郎は家

名を再興すべく各地を漂浪し、最終的に至った長崎でキリスト教に入信した。1597年（慶長2）、迫害から五島列島宇久島に逃れた彼は、そこで正式に受洗して五島寿庵を名乗った。1616年（元和2）、宣教師から西洋に関する情報を得ていた寿庵に対し、海外貿易の道を模索していた伊達政宗は、支倉常長を遣わして家臣である後藤信康の義弟となした上で、胆沢郡長沢町福原の地を下封した。しかしその4年後、政宗は西洋との密通という幕府からの嫌疑をはらすべくキリシタン迫害を開始した。元和の大殉教が起こった1622年（元和8）、領内のキリシタン根絶を目指した政宗は、寿庵の改宗も試みた。棄教を拒んだ寿庵は、1624年（寛永元）、福原に「キリシタン王国」を残して陸奥国南部藩へと逃れた。

　1636年（寛永13）、政宗の死去を機に、幕府からのキリシタン根絶命令の圧力が強まった。島原の乱を受けて、1638年（寛永15）、幕府は褒賞銀の制を設けて宣教師およびキリシタンの訴人を勧奨した。仙台藩では、さらに金子が上乗せされた。その結果、1639年（寛永16）、ペトロも捕縛されて江戸に送られ、小伝馬町の牢屋敷において穴吊るしおよび燃えさしの薪木の拷問を受けて殉教した。享年52歳であった。

　時は飛んで2008年（平成20）、ペトロ岐部を筆頭とする188人の殉教者が列副されたことは、記憶に新しい。

［参考文献］
Zimolong, B.（Hrsg.）, *Navis peregrineorum*, Köln, 1938.
浦川和三郎『東北キリシタン史』（巌南堂、1957年）
松永伍一『ペトロ岐部—追放・潜入・殉教の道—』（中央公論社、1984年）
大分県立先哲史料館編『大分県先哲叢書　ペトロ岐部カスイ資料集』（大分県教育委員会、1995年）
五野井隆史『ペトロ岐部カスイ』（教文館、2008年）

03.

武士団の展開と
建武政権・室町幕府
南北朝・室町時代

鎌倉幕府の倒壊と
建武政権の成立

　鎌倉時代後期になると、奥羽両国に所領をもつ「鎌倉中（かまくらちゅう）」御家人（ごけにん）や関東の国御家人たちの一族の中には、現地へ下向（げこう）し土着する者があらわれる。鎌倉幕府の倒壊後、奥羽両国の支配をめぐり争った北畠顕家（きたばたけあきいえ）、室町幕府・南朝方の大将（軍司令官）たちは、彼らに対して軍事的権限を与えることにより、地域の武士団をまとめ動員する体制を築いた。この近隣領主間の結びつきによる地域社会の形成という動きが、奥羽両国における南北朝の動乱のゆくえを規定し、室町時代における上部権力の割拠という状況に対応していく。

　1320年（元応（げんおう）2）、北条氏権力が集中した北の大地において、出羽国のエゾが蜂起した。その3年後には、惣領（そうりょう）の地位をめぐり津軽安藤氏（つがるあんどう）の一族間で争いが起き、これにエゾも加わって合戦へと発展する。幕府は下野国の宇都宮氏（うつのみや）・常陸国の小田氏（おだ）（八田氏（はった）の子孫）を「蝦夷追討使」として派兵し、1328年（嘉暦（かりゃく）3）、ようやく「和談の儀」が成立した（『鎌倉年代記裏書（ごだいご）』）。この間、後醍醐天皇の倒幕計画も発覚するが（1324年正中（しょうちゅう）の変）、このとき、白河荘（しらかわ）南方を拠点としていた結城宗広（ゆうきむねひろ）（最後の得宗北（とくそうほう）条高時（じょうたかとき）の御内人（みうちびと）となり、津軽の北条氏所領の一部を給与されていた）は、「夷・京都と申し、かかる勝事（不吉な事の意）の義候（そうろう）なり」と書状に記している（「藤島神社文書」）。奥羽北部の争乱は、京都朝廷において発生した「謀叛（むほん）」と並び、重大な危機と認識されていた。

　鎌倉時代後半、天皇家は持明院統（じみょういん）と大覚寺統（だいかくじ）に分かれ、鎌倉幕府の支

持を得ながら交互に治世を担うようになるが、大覚寺統の傍系に位置した後醍醐天皇は、幕府を倒すことにより自身の皇統を存続させようとしたと考えられる。1331年（元徳3、元弘元）、再び倒幕の動きが発覚すると、幕府は持明院統の光厳天皇を立て（父の後伏見上皇が院政を行う）、後醍醐を逮捕し隠岐国（島根県）へ流す。しかし、後醍醐に応じた楠木正成ら反乱勢力の鎮圧に手間取る中で、1333年（正慶2、元弘3）、幕府軍として西上していた下野国の足利高氏（倒幕後、後醍醐の名前の一字をもらい尊氏と改名）が、後醍醐方に寝返り京都へ進軍した。また、上野国（群馬県）の新田義貞と高氏の子息千寿王（後の室町幕府2代将軍足利義詮）も、鎌倉を攻めるにいたる。ここに得宗高時は、一族・御内人らと鎌倉の東勝寺において自害し、幕府は滅亡した。

　京都に戻った後醍醐は、恩賞を求める武士に対し、綸旨を用いて本領安堵・新恩給与の手続きにのぞむ。また、膨大な訴訟事案に対応するため、新たに雑訴決断所を設けるなど、政務機構の整備を進めた。地方行政についても、幕府の守護制度を引き継ぎつつ、国府を介した支配の実現を目指し、国司制度の再編を試みる。とくに鎌倉幕府の支配下にあった東国の掌握に配慮し、陸奥守北畠顕家に添えて皇子義良を多賀国府へ、相模守足利直義（尊氏の弟）に添えて皇子成良を鎌倉へ、それぞれ自身の分身として派遣した。

北畠顕家の政権

公卿でありながら陸奥守に登用された北畠顕家は、多賀国府へ下向したとき、いまだ16歳の公達であった。同行した父親房とともに政務機構の整備に取りかかり、式評定衆・引付（所領に関する訴訟を担当）のメンバーを揃え、政所執事以下の奉行衆を任命する（『建武年間記』）。それは、まさに旧鎌倉幕府の職制を彷彿とさせるものであり、①顕家の親族と家司、②「鎌倉中」御家人の系譜をもち陸奥国の所領に移住した武士、③旧鎌倉幕府の吏僚層

らが職員として選ばれた。この政務機構を駆使し、御恩の授受や裁判が行われたことから（奥羽両国は、事実上、雑訴決断所の管轄から除外された）、顕家の政権は「奥州小幕府」と評価されている。

　その一方、鎌倉幕府のもとにおいて奥州惣奉行であった葛西氏と留守氏が、上記職制に組み込まれなかった点は注目される。ただし実際には、多賀国府の運営を取り仕切っていた留守氏が、顕家の「案内者」とならなければ、国務の執行はままならない状況であった。顕家の後に国府へ入部した室町幕府の勢力もまた、留守氏を頼りにしていた形跡がある。

　郡・荘園・保の単位所領の支配方式についても、顕家は新しい職制を導入した。従来の地頭制を前提としつつ、奉行という職が設置され、所領の調査や御恩授受の手続きなど行政的な実務がまかされた。また、軍勢動員や広域的な警察権の行使を実現するため、検断という職も設置される。

　たとえば、1335年（建武2）、亘理郡（宮城県亘理町・山元町）の地頭武石胤顕と行方郡（福島県県南相馬市）の地頭相馬重胤（ともに千葉常胤の子孫であり、「鎌倉中」御家人の系譜をもつ）は、伊具（宮城県丸森町・角田市）・亘理・宇多（福島県新地町・相馬市・飯舘村）・行方の4郡と金原

【式評定衆】
源家房(A)　藤原英房(A)
内蔵権頭入道元覚(A)　結城宗広(B)
二階堂行朝(C)　結城親朝(B)
二階堂顕行(C)　伊達行朝(B)
【引付】
一番　二階堂行朝(C)　長井貞宗(B)
　　　（二階堂力）
　　　近江次郎左衛門入道(C)　安威有資(C)
　　　五大院兵衛太郎(C)　安威弥太郎(C)
　　　合奉行　椙原七郎入道(C)
二番　結城親朝(B)　伊東祐光(B)
　　　　　　　　（二階堂力）
　　　伊賀貞長(B)　薩摩掃部大夫入道
　　　肥前法橋　丹後四郎(C)
　　　合奉行　豊前孫五郎
三番　二階堂顕行(C)　伊達行朝(B)
　　　武石二郎左衛門尉(B)　安威有脩(C)
　　　下山修理亮(C)　飯尾次郎(C)
　　　合奉行　斎藤五郎(C)
【諸奉行】
政所執事　　二階堂顕行(C)
評定奉行　　二階堂行朝(C)
寺社奉行　　安威有資(C)　薩摩掃部大夫入道
安堵奉行　　肥前法橋　飯尾左衛門二郎(C)
侍所　　　　伊東性照（子息親宗が勤務）(B)

(A)：北畠顕家の親族、家司
(B)：鎌倉幕府「鎌倉中」御家人の系譜
(C)：鎌倉幕府吏僚層の系譜

図22　建武政権の多賀国府政務機構

保（丸森町・福島県伊達市の一部）の検断権を与えられた。このとき、重胤には、行方郡の奉行に関する権限もゆだねられている（「相馬文書」）。同じように胤顕に対しても、亘理郡の奉行に関する権限がまかされたに違いない。この海道北部・阿武隈川下流域の一帯は、鎌倉時代、北条氏勢力が押さえた交通の要衝であり（亘理・相馬両氏の一部は、御内人になっていたと考えられる）、多賀国府を防衛する場合、南側外縁部の拠点として位置づけられる。顕家は、それを一つのまとまりとして亘理氏と相馬氏に与え、武力にもとづく広域的な支配の実行を期待した。このように要所要所において地域に根付き始めた有力領主を頼むことにより、顕家の政権は成り立つことができたといえる。

　一方、亘理・相馬両氏の側から見れば、軍勢の催促と指揮命令・兵粮米の徴収・所領の預け置きなど公的な軍事的権限の獲得は、自身の基盤を強化し、近隣に展開する領主層への影響力・結びつきをより深めるメリットとなった。鎌倉幕府のもとで編制されていた「鎌倉中」御家人／国御家人という二層的な構造は、地域における領主間の交流の促進という現実の中で攪拌されていく。

室町幕府の多賀国府掌握と南北朝の動乱

　海道北部・阿武隈川下流域の一帯については、亘理・相馬両氏だけでなく、勢力拡大を目指す白河結城氏もまた獲得をねらっていた。鎌倉幕府の倒壊に際して得宗北条高時を見限り、後醍醐天皇の信頼を得た結城宗広・親朝親子は、後醍醐の綸旨を受け、勲功の賞として宇多荘（宇多郡のこと）と金原保の給与を実現する。これは明らかに亘理・相馬両氏を登用する北畠顕家の政策と衝突する事態であり、その背景には地域における新たな秩序形成をめぐる有力領主間の主導権争い、旧北条氏所領の獲得をめぐる競合・対抗関係の顕在化という問題を指摘することができる。

　多賀国府に入った顕家は、まず津軽・糠部方面における旧北条氏所領の

処理、旧鎌倉幕府残党の鎮圧に専念したが、1335年（建武2）、中先代の乱（北条高時の子息時行の反乱）を鎮め鎌倉に自立の意思を示した足利尊氏を討伐すべく、関東そして京都へと陸奥国の軍勢を進める。このとき、亘理・相馬両氏の惣領は、顕家から離脱し足利方へ合流する道を選択した。その主な理由として、白河結城氏との対立関係があげられるのであり、陸奥国における南北朝の動乱は、津軽方面の動向とならんで、まさしく相馬氏の行方郡小高城と白河結城氏の宇多郡熊野堂城との争奪戦からスタートする。地域における武士団の主体的な行動が、14世紀の動乱・社会の展開のあり方に大きく関わっていた。

　顕家らに敗れ九州へ逃れた尊氏は、すぐに勢いを盛り返し、1336年（北朝・建武3、南朝・延元元）、光明天皇を即位させ（兄の光厳上皇が院政を行う）、施政方針ともいえる建武式目を制定して、事実上、室町幕府を発足させる。これに対し、後醍醐は京都を脱出して吉野（奈良県吉野町）へ入り、南北朝の分立が始まった。陸奥国へ帰還した顕家（新たに鎮守府将軍に任官した）は、拠点を霊山（福島県伊達市・相馬市）へ移して足利方の攻撃に備えるが、後醍醐からの要請を受けて再び軍勢を西上させる。しかし1338年（北朝・暦応元、南朝・延元3）、和泉国堺浦（大阪府堺市）において尊氏の執事高師直らに敗れ討たれた。

　南朝方は、顕家に替わり、その弟顕信を陸奥国へ遣わすが、室町幕府もまた奥州総大将として石塔義房（足利氏の一族）を派遣し、多賀国府の攻略にあたる。顕信を退け国府を掌握した義房であったが、自律的な動きを強めたため罷免され、1345年（北朝・貞和元、南朝・興国6）、幕府は新たに吉良貞家と畠山国氏という2人の奥州管領（足利氏の一族）を送り込む。その役割は軍司令官だけでなく、御恩の授受に関する手続き、寺社の修造に関する棟別銭（家屋ごとに課された税）の賦課、裁判における事実審理など行政的な面にもわたり、職務を執行するための奉行人の組織も整備された。

図23 北畠顕家が拠った霊山

　ところが、幕府の中枢部では足利直義と高師直との対立が強まり、1349年（北朝・貞和5、南朝・正平（しょうへい）4）、直義による師直の暗殺未遂事件が起きると、翌年にはついに幕府の主だった武将が直義派と尊氏・師直派とに分裂し、内戦へと突入する（観応（かんのう）の擾乱（じょうらん））。奥州管領においても貞家が直義派、国氏が尊氏派に分かれ、1351年（北朝・観応2、南朝・正平6）、国府の岩切城（いわきり）・新田城（につた）、宮城郡の虚空蔵城（こくぞう）（仙台市の青葉山か）などを舞台に合戦がくり広げられた。これらの城郭は留守氏ら国府在来の勢力の拠点であり、畠山氏は一方的に留守氏を頼ったことから、このときの真の対立構図は、貞家（室町幕府が派遣した国府の支配者）と留守氏（鎌倉時代以来の国府の支配者）との間に見出すことができる。戦いは貞家が勝利し、留守氏惣領家は国府から追い落とされた。その後、貞家は一時的に南朝方の北畠顕信に国府を奪われるが、再度取り戻すことに成功し（観応の擾乱は尊氏の勝利に終わったため、直義派であった貞家は尊氏に降参した）、1353年（北朝・文和（ぶんな）2、南朝・正平8）、顕信が逃げ込んだ宇津峰城（うづみね）（福島県郡山市・須賀川市）をついに落城させる（北畠氏の勢力は出羽から津軽へ移動し、浪岡御所（なみおかごしょ）になったといわれる）。

　なお、南北朝時代の奥羽両国に関する古文書数を調べてみると、この宇津峰合戦を境に、大きく減少することが注目される（1333年から1353年までが約1,070点、1354年から1392年までが約470点）。これは、軍忠（ぐんちゅう）

状や着到状、恩賞を受ける手続き文書など戦争に関係する史料が減る
ためであり、奥羽両国における大規模な戦乱は、宇津峰合戦を最後に終わ
りを告げたといえるだろう。

室町幕府の支配体制と地域社会の形成

最終的に多賀国府を確保した吉良貞家であっ
たが、その活動は1353年12月をもって見え
なくなる。ほどなくして死没したものと考えられ、国府やその周辺の支配
は吉良氏一族によって継承された。この時期、糠部において勢力を強める
南部氏（もとは得宗の御内人であり、南部師行・政長兄弟が北畠顕家に抜擢さ
れた）の庇護を受けていた留守氏惣領家の6歳の男子が国府へ帰還し、留
守氏の再興を果たす（『奥州余目記録』）。この点は、貞家の消息が途絶え
たこととも関連づけて理解することができるだろう。また、吉良氏のライ
バルであった石塔氏や畠山氏も活動を再開し、国府の支配を目指す。

　このような混乱を見据えてか、1354年（北朝・文和3、南朝・正平9）、
室町幕府は若狭国（福井県）守護の斯波家兼（斯波氏は足利氏一族の中でもっ
とも有力な分家であった）を新たな奥州管領として陸奥国へ転任させ
る。家兼は、吉良氏一族らが活動し、また留守氏一族が所領支配を展開す
る国府への入部を最終的には避け、志田郡師山（大崎市古川）に拠点を据
えた。斯波氏が活動の場所として選んだ大崎平野を中心とする宮城県北部
は、室町時代以降「河内」という広域地名で呼ばれるようになる。その発
展の基礎は、鎌倉時代、北条氏の勢力が石巻市方面から鳴瀬川・江合川
流域にかけて展開し、流通網の整備と拡大につとめたところにあった。家
兼は陸奥国入部の2年後に没したため、管領職は子息直持へ伝えられ、ま
た同年、直持の兄弟の兼頼は出羽国へ移り、羽州管領に就任したといわれ
る（山形を本拠とした羽州管領斯波氏は、やがて羽州探題最上氏となる）。

　1350年代に留守氏惣領家が一時的に没落し、また奥州管領斯波氏が活
動の中心を河内に選んだ結果、多賀国府の行政的・集権的な役割はしだい

に終息していった。それは同時に、奥州惣奉行・陸奥留守職の由緒にもとづき、留守氏を基軸に秩序立てられていた陸奥国御家人制のあり方が終わりをむかえたことも意味する。1367年（北朝・貞治6、南朝・正平22）以降、吉良氏一族の反乱に対処すべく新たに石橋氏（斯波氏の同族）が国府周辺へ下向するが、その活動も1386年（北朝・至徳3、南朝・元中3）を最後に見えなくなる。陸奥国における室町幕府の体制・領主層の秩序が奥州管領斯波氏を中心に整えられていく中で、吉良氏・畠山氏・石橋氏ら足利氏の一族は、関東地方や福島県の所領へ去っていった。

　その後、将軍権力の強化を目指す室町幕府3代将軍足利義満は、1391年（北朝・明徳2、南朝・元中8）、従兄弟の鎌倉公方足利氏満との協調を図り、奥羽両国を鎌倉府（幕府が東国支配のため鎌倉に置いた統治機構）の管轄へと変更する。1399年（応永6）、氏満の跡を継いだ鎌倉公方満兼は、弟の満貞を岩瀬郡稲村（須賀川市）へ、ついで同じく弟の満直を安積郡篠川（郡山市）へ派遣し、北関東と接する陸奥国南部の支配を強化した。ところが、この動きに対する牽制のためか、翌年、幕府は斯波氏の奥州管領職を奥州探題職へと切り替え、陸奥国支配の梃入れを行う（斯波氏は、1422年〈応永29〉までに大崎氏と呼ばれるようになる）。

　幕府と鎌倉府との対抗的な関係が展開し、また鎌倉府内部においても幕府との関係をめぐる路線の対立が生じる中で、陸奥国の領主たちは互いに連携を模索し横のネットワークづくりを進めることによって、割拠する上部権力への対応や領主支配の進展につとめていく。14世紀末、伊達氏や糠部の八戸南部氏は、近隣の領主との間に1対1の一揆契約を結びながら勢力を拡大した。とくに伊達氏の伸張はめざましく、福島県北部から宮城県南部の一帯、さらに山形県置賜地域を支配下におさめる。また15世紀に入ると、稲村・篠川両御所の動向をにらみながら、福島県中通り地域の領主連合・海道五郡（行方・標葉・楢葉・岩城・岩崎郡）の領主連合がそれぞれ形成される（傘連判による一揆契約）。奥州探題の膝下においても、

留守氏・葛西氏・山内氏・長江氏・登米氏の「五郡一揆」が結成されたという（『奥州余目記録』）。領主間の結びつきが、地域社会の成立を推し進めている点に注目したい。それはやがて、次の時代における戦国大名権力の受け皿となっていく。

　一方、津軽・出羽国北部では、ひき続き安藤氏の領主権力が展開し、十三湊（とさみなと）に拠る惣領下国（しものくに）家と秋田湊（あきた）（秋田市土崎港）に拠る有力一族湊（みなと）家が分立した。これに対し、1432年（永享4）、日本海側への進出を目指す南部氏は十三湊を攻撃し、下国安藤氏が夷島（えぞがしま）へ渡るという事態にいたる。以後、津軽・糠部・渡島半島（おしま）（北海道）を舞台に両氏の争いは続くが、1456年（康正2）（こうしょう）、夷島へ渡っていた安藤師季（もろすえ）（下国家の庶流）が湊安藤氏の支援を受けて男鹿半島（おが）へ移り、檜山（ひやま）（下国）安藤氏（秋田県能代市）が成立した。このような津軽海峡を挟んだ領主層の活動の背景には、夷島に多くの和人居住地がつくられ、より活発な交易がアイヌとの間に行われていた状況を指摘することができる。ただし、そこにはまた軋轢も生じた。志濃里（しのり）（北海道函館市）で起きた和人とアイヌとのトラブルが、翌1457年（長禄元）（ちょうろく）、首長コシャマインを中心とする大規模なアイヌの蜂起へと拡大することになる（コシャマインの戦い）。

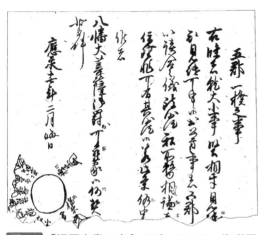

図24　「相馬文書」応永17年（1410）、海道五郡一揆契状（東京大学史料編纂所影写本）

［参考文献］
白根靖大編『室町幕府と東北の国人』（東北の中世史3、吉川弘文館、2015年）
七海雅人『躍動する東北「海道」の武士団』（蕃山房、2015年）
柳原敏昭「室町時代の北奥」（『青森県史　通史編1』青森県、2018年）

04.

戦国争乱と東北社会

**東北の戦国時代の
始まり**

一般に戦国時代は、1467年（応仁元）に起きた、いわゆる応仁・文明の乱から始まるとされるが、近年では1493年（明応2）に起きた明応の政変からとする説もある。ただし、各地の始期には微妙に差が生じており、たとえば関東では、1454年（享徳3）に起きた享徳の乱から始まったとする説が主流となっている。

　東北地方の戦国時代は、何か特定の出来事から一気に幕を開けたと評価することは難しい。1438年（永享10）、鎌倉公方足利持氏が室町幕府に抵抗して起きた永享の乱が起き、鎌倉府による奥羽支配がひとまず終焉する。この後、奥州探題大崎氏や羽州探題最上氏などを中心とした東北各地の領主たちは、室町幕府とのつながりを一時強化する。しかし、15世紀半ば以降になると次第に自立的な活動を強めていき、各地で内乱や領主同士の紛争が多発するようになっていく。こうして、東北地方も徐々に戦国時代へ突入していったといえよう。

　なお、戦国時代の領主を表現する用語として、戦国大名と国衆がある。戦国大名とは、一国規模で自己の領国を形成し、その領国を排他的に支配する権力である。これに対して、国衆も基本的には戦国大名と同様の権力であるが、一郡規模の比較的小規模な領主であり、戦国大名に従属している存在である点に特徴がある。ただ、東北地方は陸奥・出羽の2ヵ国のみで、それぞれが広大であるため、この定義がそのまま当てはまらな

い。そのため、東北においては数郡を支配する相対的に大規模な権力を戦国大名、小規模な権力を国衆とみなせるだろう。

南奥羽の戦国大名・国衆

広大な東北地方には、さまざまな戦国大名・国衆が割拠し、相互に複雑な婚姻関係を結びながら離合集散を繰り返していた。現在の県単位でみていくと、まず福島県域においては、浜通り（海道）の南部を岩城氏、北部を相馬氏が支配していた。中通り（仙道）では、南部から中部にかけては白河氏、石川氏、二階堂氏、田村氏、畠山氏らが割拠しており、北部は伊達氏の領国であった。両地域には、常陸の佐竹氏の影響力も及んでいた。会津については、その大部分は蘆名氏の勢力圏であった。

宮城県域においては、伊達氏のほか、奥州探題である大崎氏、北上川流域や海岸部を勢力圏とする葛西氏、仙台市周辺を領していた国分氏や留守氏、黒川氏などがいた。

山形県域には、伊達氏や山形（山形市）を本拠とした最上氏、庄内地方を領した大宝寺氏のほか、天童氏、白鳥氏、大江氏、清水氏、細川氏などが割拠していた。

このなかで台頭してきた勢力が、蘆名氏、最上氏、伊達氏である。蘆名氏は、会津黒川（福島県会津若松市）を本拠とし、1560年頃（永禄年間頃）の盛氏の

図25 戦国末期の奥羽大名・国衆配置図（高橋充編『東北の中世史5　東北近世の胎動』2016年に一部加筆）

代には中通りへ進出して周辺国衆を従え、一時奥羽最大の勢力となった。

　最上氏は、足利氏一族で羽州探題の斯波氏の末裔で、奥州探題大崎氏とは親戚関係にあった。1574年（天正2）に最上義守・義光との間で親子相克が起きた。これに勝利した義光は、1584年（天正12）までに細川氏や白鳥氏、天童氏ら周辺国衆を滅ぼし、さらに庄内地方へ進出するなど勢力を一気に拡大させていった。

　伊達氏は、もともと梁川（福島県伊達市）を本拠としていた有力領主であったが、1530年代の天文年間初頭に伊達稙宗が本拠を桑折西山城（福島県桑折町）に移している。その後、ほどなく稙宗・晴宗父子が対立し、1542年（天文11）に周辺の大名・国衆を巻き込む大規模な内乱が起きた（伊達氏天文の乱）。これに勝利した晴宗は、米沢（山形県米沢市）に本拠を移し、以後伊達氏は輝宗・政宗の代まで米沢を本拠とし続けた。1567年（永禄10）に生まれた政宗は、蘆名氏や最上氏、大崎氏とわたり合い、1589年（天正17）の摺上原の戦いで蘆名氏を破り滅亡させるなど周辺領主を圧倒し、伊達氏を奥羽最大の戦国大名へと成長させていった。

北奥羽の戦国大名・国衆

　秋田県域には、檜山城（能代市）を拠点とする下国（檜山）安藤氏、その庶流で土崎湊城（秋田市）を拠点とする湊安藤氏や横手の小野寺氏のほか、戸沢氏、六郷氏、由利地方の由利十二頭と呼ばれる国衆連合などが割拠していた。なかでも、室町時代に「日の本将軍」と称した下国安藤氏の勢力は大きく、一時嫡流が途絶えたものの、戦国末期の愛季の代には下国・湊安藤氏を統一し、1577年（天正5）には本拠地を男鹿半島の脇本城（男鹿市）に移すなど勢力を拡大した。

　岩手県域は、南部は葛西氏や和賀氏、稗貫氏らの、北部は斯波氏や南部氏の勢力圏であった。青森県域は、西部の津軽地方では浪岡御所と称された北畠氏や後に南部氏から独立する大浦（津軽）氏が、東部の南部地方

では南部氏とその一族が割拠した。また、北海道渡島半島には安藤氏家臣であった蠣崎氏が根付き、後に松前氏を名乗るようになる。

　北奥羽最大の勢力は、岩手・青森両県域にまたがって領国を形成した南部氏であった。南部氏は、三戸氏を家督としつつも、北氏、東氏、八戸氏、九戸氏など自立的・独立的な庶家・一族を多数抱えた権力であったことに特徴がある。三戸氏は南部晴政の代に勢力を伸張するものの、その後継者をめぐって1560〜80年代（永禄・元亀・天正年間）に内紛が起き、一族の石川氏出身である信直が継いだ。その後、信直は家中統制に苦しみながらも周辺地域に進出し、北奥羽の地域的統一を進めた。

戦国大名の領国支配

　　　　　　　　　　　一般に戦国大名・国衆らは、独自の領国をもち各地に支城を築いて統治しつつ、分国法を制定して公平な裁判を指向し、貫高制・寄親寄子制の整備や検地の実施などによる家臣団編成・統一的な税制の構築を進めたことで知られている。東北の戦国大名・国衆も、基本的には同様であったと考えられるが、残存史料が少ないため、不明瞭な点も多い。そのなかで、伊達氏に関しては比較的史料が残されており、その領国支配の実態をある程度つかむことができる。

　東北地方で唯一確認されている分国法が、1536年（天文5）に制定された伊達氏の『塵芥集』である。全171ヵ条にも及ぶその内容は、御成敗式目の影響を受けながらも当時の伊達領国で生じていた社会問題（盗賊、喧嘩、刃傷、村同士の紛争、下人の逃亡、飲料水をめぐる争いなど）に対応したものとなっている。戦国大名・国衆は、そのような社会問題の解決を担う権力でもあった。

　この前年の1535年（天文4）には、棟役（領国内の家一棟ごとにかかる税）の台帳である『棟役日記』が、1538年（天文7）には段銭（田にかかる税）の台帳である『伊達氏段銭帳』が作成されている。棟役・段銭

は、本来は朝廷や幕府の用途のために課された臨時的な税であったが、戦国時代には恒常的な税へと変化した。伊達氏は、これらを作成することにより、領国内の郡・庄単位に棟役・段銭を集計し、独自の財政基盤を整えていった。

　また伊達氏は、一族・譜代家臣のほか、さまざまな出自を持つ家臣を抱えており、それらの家臣を「一族」・「一家」など擬制的な血縁関係に取り込んだ家格制を構築して統制した。さらに、日頃は在村しながら奉公する名懸衆や当主の側近くに常に仕える不断衆などの直属組織も抱え、鉄砲や弓矢の鍛錬を積ませて軍事力の増強をはかった。

　このほかにも、家臣への知行地宛行・安堵、領内の開発、商職人・寺社の保護、街道や水運・伝馬制の整備、戦時の荷留などさまざまな政策を実施していた。外交では、特定の人物を取次として交渉するのが一般的であったが、伊達氏の場合は遠藤基信や片倉景綱などがその役割を担っていた。

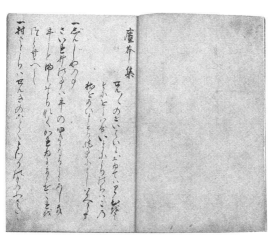

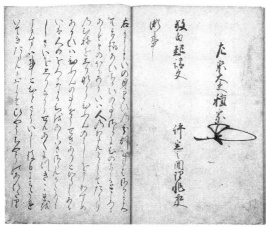

図26　「塵芥集」（仙台市博物館所蔵）

戦国時代の東北の地域社会

　戦国時代には、近畿地方を中心に商品経済が発達し、自立的な村落組織である惣村や自治的な町が成立していったことで知られる。それに対して、東北地方は在地領主の影響力が強く、村や町は未熟で後進的であったというイメージがいまだ根強い。しかし、近畿地方のような典型的な惣村や町ではないにせよ、武力を保持して隣村や領主と戦い交渉する村の姿や、町衆を組織して遠隔地と活発に交易を繰り広げた町の姿は東北各地にもみられる。

　寺社についても、東北地方には出羽三山など各地に多くの大寺院・霊場があり、それぞれが独自の組織を持って地域社会に根を張り、時には大名間の紛争を調停することもあった。また、この時期は曹洞宗が急速に教線を拡大させていることで知られ、奥の正法寺（岩手県奥州市）は本山の一つとして著名である。そのほか、織田信長と戦ったことで著名な本願寺教団も、都市の富裕層である「有徳人」を中核的な門徒として、日本海側を中心に勢力を拡大していった。

　東北の地域社会は、東北のみで完結していなかった。特に北奥羽の人々は、アイヌとの交流も日常的に行っていた。北奥羽の城館跡からはアイヌ関係の遺物が多数出土しており、北方世界との濃密な関係がうかがわれる。

［参考文献］
大石直正・小林清治編『中世奥羽の世界』（東京大学出版会、1978年）
遠藤ゆり子編『伊達氏と戦国争乱』（東北の中世史4、吉川弘文館、2016年）

COLUMN

コラム 04

日本地震学会と
イギリス人の地震観

　1880年（明治13）、世界初の地震学会がイギリス人J・ミルンとJ・ユーイングの功績で日本に設立された。彼らはいわゆるお雇い外国人であった。彼らは地震研究の近代化に大いに貢献したが、実はこれは長い歴史的経験の結果であった。「イギリスには地震がないのに、なぜ？」と思うのは、まったくの的外れである。イギリス人と地震との関係は、意外に古い。

　イギリスでの地震研究は、1749年のT・ショートに始まる。彼は過去250年間の災害として地震よりも、彗星、嵐、疫病を熱心に取り上げた。翌1750年にイギリスで発生した数回の地震をきっかけに関心が高まり、19世紀半ばには世界の地震カタログをイギリス人が作成したのである。初の本格的研究であるC・デイヴィソンの『イギリス地震史』（1924年）には、974年から1924年までの1191回の地震が記述されているが、記録の残存状況から、イギリスで過去数千回の地震があったと考えるべきだろう。現在も年間20回から30回の有感地震がある。

　なかでも1580年4月6日に発生したロンドン地震は、マグニチュード5.8、震源の深さ22km、ドーバー海峡の海底を震源とする巨大地震であった。城や教会の壁が崩れ、バッキンガム宮殿の鐘が振動で鳴り、家屋には亀裂が入った。また教会の尖塔が折れて石が落下し、2人の死者を出した。驚愕した人々が劇場の観客席から飛び降りるな

ど、大パニックとなった。大陸側では被害はさらに深刻で、カレーの市庁舎の崩壊など、全壊する建物が続出し、数人の犠牲者が出た。屋外にいた多数の動物が津波に巻き込まれ、ネーデルラントでは魚が岸に打ち上げられたという。

　それにもかかわらず、かくも衝撃的なこの地震を記述する文書のいずれにも、救援活動の記載は一切見当たらない。当時、地震は自然現象ではなく神の作用、罪に対する神の警告と考えられ、被害の大小はキリスト教信仰への傾倒の差と解釈された。それゆえ、人々は神の怒りや不興を恐れ、ひたすら祈り、断食した。

　このような歴史をもつ地震観はイギリス人の伝統の一部であっただろう。しかし、18世紀半ばの地震経験を基に自然観を転換し、日本で地震学会を設立したのである。人間がよって立つ自然観は、まさに歴史的形成物なのである。

05.

中世東北の城
●●●●●●●●●●

中世の城とは

城といえば、普通は姫路城や熊本城のようなものを思い浮かべるのが一般的である。しかし、そうした城の姿は江戸時代、早くて織田信長や豊臣秀吉の時代以降のものであって、それ以前にあたる中世の城の姿は、そうしたものと大きく異なっているのである。

中世、特に戦国時代の城は「土造りの城」であったことに特徴があり、丘や山の上に築かれることが多かった。城域全体の平面プランのことを縄張といい、主として土塁と堀、それらに囲まれた区画である曲輪、曲輪への出入り口である虎口などから構成されている。堀は、空堀がほとんどであり、曲輪の外周にめぐらす横堀と、山城の斜面を縦方向に削って設ける

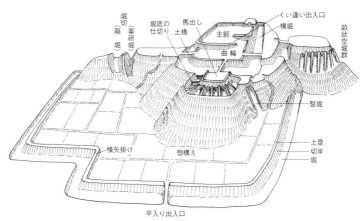

図27 城館立体模式図（文化庁編『発掘調査のてびき　各種遺跡編』2013年）

竪堀、山の尾根を断ち切る堀切などの種類がある。建物については、近世の城のように礎石立ちで瓦葺きの高層建築は極めて少なく、その多くは掘立柱による板葺きなどの建物で質素なものであった。なお、戦国時代以前の城は、同様の構造を持つものがある一方で、荘園の政所や武士の屋敷、寺社、道などをバリケードで囲み遮断して城郭化する場合が多く、基本的には戦いの際にだけ臨時的に設けられる施設であった。

こうした城跡は、全国に４万程度残っているといわれており、宮城県だけでも1000は下らないとされ、そのほとんどは戦国時代の城跡である。戦国時代は、それだけの数が築城された日本史上希有な時代といえる。城跡は、地域に密着した遺跡であるとともに、私たちのもっとも身近に存在する遺跡である。城を研究するということは、城が存在する地域の研究、ひいては中世社会の研究へと繋がっていくのである。

なお、城は史料上「城」「城郭」「要害」などと表現されるが、東北の城は「館」「楯」と表現されることが多い。現在でも、「〜館」と呼ばれる城跡は東北各地に数多く存在している。

南北朝・室町時代の東北の城

日本各地に多くの城が築かれるようになるのは、南北朝時代からである。楠木正成が籠城した千早城・赤坂城などは有名だろう。その背景には、南北朝の内乱という戦乱状況があった。特に東北地方は、南朝と北朝の対立、さらに観応の擾乱による足利尊氏派と直義派の対立の主要な舞台の一つとなっており、各地で合戦と籠城戦が行われた。

東北地方において、この時期の著名な城としては、霊山城（福島県伊達市ほか）や宇津峰城（福島県郡山市ほか）、岩切城（宮城県仙台市ほか）が挙げられる。霊山城は、南朝方の北畠顕家が霊山寺という山岳寺院を利用して築いた山城で、まさに天然の要害となっている。宇津峰城も、天険を利用した南朝方の拠点城郭で、霊山城と双璧をなした。岩切城は、陸奥

国府を眼下に望む山に築かれた山城で、現在の城跡は戦国時代のものだが、文献史料によれば「壁岸」などの防御施設があったことが知られている。この時期の山城は、天険を利用しつつ「壁」や「切岸」「木戸」「陣」などによって防御されていた様子が文献史料から確認できる。

　室町時代の山城の事例としては、猪久保城（福島県田村市）が挙げられる。猪久保城は、東北横断自動車道建設の際に発見された山城で、発掘調査の結果、土塁や空堀・堀切がめぐらされ、曲輪内からは複数の建物跡が発見され、焼失した後、再利用されずに現在に至ったことが確認された。熊野堂大館（宮城県名取市）も同時期のもので、複数の曲輪と土塁・堀からなり、戦国時代の山城に匹敵する構造の城も誕生していた。

　伊達氏の本拠梁川城（福島県伊達市）も、室町時代から戦国時代にかけて本格的に整備が進められた。現在残る姿は近世初頭の上杉氏時代のものだが、発掘調査などによって伊達氏の居館を中心に周囲に伊達氏関係の寺社を配置する都市設計プランが確認され、宴会で使用される「かわらけ」という素焼きの土器が大量に出土し、居館に庭園が存在していたことなどが明らかになった。居館と庭園・かわらけのセットは、室町将軍邸をモデルとした武家儀礼との関係が指摘されており、伊達氏と京都との深い繋がりがうかがわれる。

　一方、北奥羽の南部氏などの居館には庭園がなく、「かわらけ」も出土しないという。そのため、京都を中心とする文化とは違った北方独特の文化のなかで城が築かれた側面もあるようである。

戦国時代の東北の城

　　戦乱が日常的になった戦国時代になると、大量の城が各地に築かれ、恒常的に維持される城が増えていった。その性格はさまざまで、戦国大名や国衆の支配拠点となった城のほか、領国の境界を維持するために築かれた城、戦いに際して臨時的に築かれた城、交通・物流管理のための城、土豪や地侍の居館とし

ての城、民衆の避難
所としての城などバ
ラエティに富んでい
た。

図28 前川本城の土塁と空堀

　このようなことか
ら、築城された背景
も軍事目的のみでは
なく、また築城主体
も領主層のみとは限
らなかった。そのた
め、極めて小規模な
ものから、近世の城にも匹敵するほど大規模なものまで、規模もさまざま
であった。

　大名・国衆の拠点城郭のうち、現在も遺構がよく残るものは数多く存在
している。北奥羽の三戸南部氏の聖寿寺館（青森県南部町）は、台地上に
築かれ、広大な曲輪を大規模な堀で囲んでおり、周辺の平良ヶ崎館などと
一体となって本拠の空間を形成していた。戦国中期に三戸南部氏が聖寿寺
館から本拠を移した三戸城（青森県三戸町）は山城で、一族・重臣の屋敷
地としての曲輪を段々状に配置する構造となっている。安藤氏の檜山城
（秋田県能代市）・脇本城（秋田県男鹿市）も巨大な山城で、尾根上に土塁や
堀切、無数の曲輪を配置し、桝形虎口など一部に技巧的な構造もみられ
る。和賀氏の二子城（岩手県北上市）は、2つの山を中心に周辺の平地部
も含んだ広大な城域を誇る。

　南奥羽では、蘆名氏の向羽黒山城（福島県会津美里町）が代表例であ
る。黒川城（福島県会津若松市）とともに蘆名氏の本拠であった巨大山城
で、広大な城域に無数の曲輪が設けられ、石積みも随所に見られ、虎口と
堀の組み合わせなど縄張構造も複雑・技巧的なものとなっている。伊達氏

家臣砂金氏の居城とされる前川本城（宮城県川崎町）も、長大な横堀や連続桝形虎口など複雑・技巧的な縄張構造を持ち、「土造りの城」の代表例といえる。左沢氏・最上氏の左沢楯山城（山形県大江町）も、最上川を眼下に望む巨大山城として著名である。

群郭式城郭

他地域とは異なる、戦国時代の東北の城の特徴としては、群郭式城郭と呼ばれる縄張構造を持つ城が多いことが挙げられる。普通、城は本丸、二の丸、三の丸というように、中心部がはっきりしていて同心円状に城域が広がっていくものだが、それに対して群郭式城郭は個々の曲輪が独立して寄せ集まって構成されている城で、どれが本丸なのか明確にしにくく求心性が見えにくい。こうした構造を持つ城は、東北各地に存在するが、なかでも北奥羽に広くみられるものであり、北畠氏の浪岡城（青森県青森市）や八戸南部氏の根城（青森県八戸市）はその代表的なものである。

では、なぜこうした構造を持つ城が誕生したのだろうか。地質や地形に左右された面もあるが、城主の権力構造がそのまま縄張構造に表れたという説が有力である。

図29 浪岡城縄張図（飯村均・室野秀文編『東北の名城を歩く 北東北編』2017年）

たとえば、根城の城主は南部氏の一族八戸氏であるが、当主の権力は相対的に弱く、一族・重臣たちの自立性が極めて高かった。それは、八戸氏の正月行事の席順にも表れており、上座に座る当主の横に一族・重臣が並んで着席しているのである。こうした権力構造は、当主の権力が強い「タテの権力構造」に対して「ヨコの権力構造」といえる。根城の構造は、まさにそうした八戸氏の権力構造をそのまま体現していると考えられる。一方で、近年では群郭式城郭にもそれなりに求心性を見出せるとする説も登場してきており、その評価をめぐって議論が交わされ続けている。

[参考文献]
遠藤ゆり子編『伊達氏と戦国争乱』（東北の中世史4、吉川弘文館、2016年）
齋藤慎一・向井一雄『日本城郭史』（吉川弘文館、2016年）
飯村均・室野秀文編『東北の名城を歩く　南東北編・北東北編』（吉川弘文館、2017年）

Ⅲ

近世

01.

東北近世史の幕開け

信長・秀吉と東北　織田信長と東北地方の大名・国衆との具体的な関係が確認されるのは、1573年（天正元）からである。その年末に、信長が伊達輝宗に鷹を送ってくれたことに対して礼状を認めている。このほか、『信長公記』などによれば、南部氏や大宝寺氏、遠野氏、前田氏、下国安藤氏、蘆名氏、白鳥氏などが相次いで使者を派遣し、贈答品を進呈しつつ良好な関係を築こうとしていた。贈答品の多くは東北の特産物である鷹や馬であり、信長もそれらを求めていたのである。

　そうした関係に変化が訪れるのは、信長が1582年（天正10）に甲斐武田氏を滅ぼしてからである。これにより、関東・奥羽の大名・国衆はこぞって信長に従う意思を示すようになり、「東国御一統」や「惣無事」と当時呼ばれるような状況となった。しかし、その直後に本能寺の変が起き、信長が築いた体制は瓦解してしまった。

　信長死後、織田家中の争いに勝利した羽柴秀吉は、織田家の体制を立て直そうとして、再び混乱状態に陥っていた関東の大名・国衆に対し、徳川家康を介して再度「惣無事」を実現するよう働きかけた。そして、小牧・長久手の戦いや関白就任、家康の服属などを経て、1587年（天正15）の九州攻めが終わった直後から、秀吉は本格的に関東、さらには奥羽へ介入するようになった。

1589年（天正17）になると、上野国の沼田地域の帰属をめぐる真田氏と北条氏の紛争や、伊達政宗による蘆名氏討滅と会津占拠、出羽庄内地方をめぐる最上氏と本庄氏・上杉氏との紛争などが、豊臣政権でも大きな問題として浮上してきた。そして、秀吉は1590年（天正18）3月から7月にかけて小田原攻めを行い、北条氏を滅亡させて事実上の天下統一を実現した。

奥羽仕置と奥羽再仕置

　秀吉は、小田原合戦を終えると下野国宇都宮を経由して会津黒川（後に若松と改称。福島県会津若松市）まで行き、奥羽仕置を実施した。この奥羽仕置は、東北の戦国時代が終焉し、統一政権による新たな支配が開始されたという意味で、東北の歴史上、画期的な出来事として知られている。

　奥羽仕置では、さまざまな政策が実施された。まず、会津若松に蒲生氏郷を入部させ、豊臣政権の奥羽支配の要とした。伊達氏や最上氏、南部氏は豊臣大名として存続を許され、この三氏には領国に対する仕置を独自に行うことができる自分仕置権が付与された。また、津軽氏や秋田（安藤）氏、小野寺氏、岩城氏、相馬氏らも存続し、豊臣大名となった。

　一方で、大崎氏、葛西氏、和賀氏、稗貫氏らは取りつぶしとなった。それ以外の自立的な国衆は、豊臣大名の家臣となることが求められ、各地の城が破却され

図30 奥羽仕置後の大名配置図
（高橋充編『東北の中世史5
東北近世の胎動』2016年）

図中の文字：
津軽為信
南部信直
九戸一揆
秋田実季
戸沢光盛
和賀・稗貫一揆
由利衆
仙北一揆
小野寺義道
庄内・藤島一揆
伊達政宗
大崎・葛西一揆
最上義光
相馬義胤
蒲生氏郷
岩城貞隆

廃城となり（城破り）、妻子も含め大名居城の城下町への集住が命じられた。大名の妻子も、京都へ人質として送られた。

　このほか、太閤検地や刀狩、京枡の使用強制など度量衡の統一、石高制の導入も行われ、それまでの東北地方の状況が一変していったことは間違いない。ただし、いずれの政策も不徹底な面が多く、必ずしも豊臣政権の意向が貫徹しておらず、豊臣政権側もそれを追認したり軌道修正したりしていた。

　仕置が実施された直後、大崎・葛西一揆、和賀・稗貫一揆、仙北・庄内一揆などの仕置反対一揆が各地で起きた。翌1591年（天正19）、伊達政宗は大崎・葛西一揆を鎮圧し、同年9月には南部氏の一族九戸政実が籠城する九戸城を豊臣秀次・蒲生氏郷ら上方軍が攻撃し、数日で落城させた。この戦いには、蝦夷地を支配する松前氏の軍勢および籠城軍双方にアイヌ民族も参加していたとされ、毒矢を用いて戦ったといわれている。

　一揆が鎮圧されると、豊臣政権は奥羽再仕置を実施した。改めて検地や城破りを行いつつ、伊達政宗から伊達郡・信夫郡・長井庄などの本領を没収して蒲生氏郷に付与し、代わって新たに大崎・葛西地域を与えた。これにより、政宗は居城を岩出山城（宮城県大崎市）に移した。

　こうして豊臣大名となった奥羽の大名は、以後朝鮮出兵や京都での役儀などにかり出されることになった。南部信直は、そうした状況を「日本の付き合い」と表現している。

北の関ヶ原

　1600年（慶長5）の関ヶ原の戦いは、東北地方にも大きな影響を及ぼした。石田三成を中心とした西軍には上杉景勝や佐竹義宣が、徳川家康方の東軍には伊達政宗や最上義光らがつき、各地で合戦が相次いだ。これを「北の関ヶ原」という。

　1595年（文禄4）に蒲生氏郷が死去すると、秀行が跡を継いだが、家

中騒動が起きたこともあり、1598年（慶長3）に下野国宇都宮18万石に転封されてしまった。かわって会津に入部したのが、上杉景勝であった。同年の秀吉死後、徳川家康が勢力を徐々に拡大していったが、そのようななか、家康は1600年1月頃から景勝に上洛を求めた。だが、景勝が拒否したため、家康は景勝追討のため会津に向けて出陣した。その隙に石田三成らが挙兵したため、家康は急きょ引き返し、9月15日に関ヶ原で両者が激突し、徳川方が大勝した。

　その頃の奥羽では、各地で激戦が繰り広げられた。出羽での合戦は慶長出羽合戦と呼ばれ、最上氏の本拠である山形城近辺にまで攻め入った直江兼続ら上杉軍を最上軍が破った長谷堂合戦や、最上軍による上杉領庄内地方への侵攻、上杉方となった横手の小野寺氏と最上氏の抗争などが起きた。陸奥国でも、白石城（宮城県白石市）や梁川城（福島県伊達市）などをめぐって伊達軍と上杉軍が激突した。また、混乱に乗じて秋田県の矢島地域や岩手県の和賀・稗貫地域など各地で一揆も勃発した。

　関ヶ原の戦い本戦が終了した後も「北の関ヶ原」は続いていたが、翌1601年6月に上杉氏が家康へ帰順の意思を示したことによって終結した。この結果、戦中に家康から「100万石のお墨付き」をもらった伊達政宗は仙台藩62万石、最上義光は庄内地方を加増されて山形藩57万石となり、会津若松から米沢

図31　関ヶ原の戦い後の大名配置図

へ移封された上杉氏は120万石から30万石に減封された。このほか、南部利直が盛岡藩10万石、津軽為信が弘前藩4万7000石、常陸から転封された佐竹義宣が秋田藩20万石、家康の娘婿である蒲生秀行が会津藩60万石、徳川譜代の鳥居忠政が岩城平藩12万石で配置されるなどした。

元和偃武と東北諸藩

1605年（慶長10）、徳川秀忠が二代将軍となるが、その将軍宣下の上洛時には東北諸藩も随行した。1611年には禁裏の修造にも動員されるなど、関ヶ原の戦いを経て東北諸藩は将軍への軍役奉公を果たすようになっていった。

1611年（慶長16）は、巨大な地震が相次いだ年であった。8月に慶長会津地震が起き、会津若松城が損壊し山が崩落して湖ができるなど甚大な被害が出た。その直後の10月には慶長奥州地震津波が起き、北海道・東北の太平洋沿岸に大津波が押し寄せ、仙台藩領で約1800人、相馬藩領で約700人の死者を出したといい、やはり甚大な被害を受けた。

1613年（慶長18）、伊達政宗は支倉常長を特使として慶長遣欧使節を派遣し、西欧諸国との交易の可能性を探ったが、国内ではその翌年から1615年にかけて大坂の陣が起きた。東北各藩も動員され、熾烈な戦いが繰り広げられた。著名な真田信繁も、伊達軍と激戦を繰り広げたことは有名である。これにより、豊臣氏は滅亡し、徳川家の覇権が確立されることになった。こうして長く続いた戦乱状況は収束し、元和偃武と呼ばれる平和が訪れることになった。

大坂の陣以後、大名の配置状況はさらに変化した。1622年（元和8）には最上騒動が勃発し、伊達氏とならぶ大大名であった最上氏が改易され、かわって旧最上領には譜代大名である鳥居氏や酒井氏が入部した。1627年（寛永4）には会津の蒲生忠郷が死去し、弟の忠知が後継者となって伊予国へ転封となったため、かわって加藤嘉明が40万石で入部した。また、松前藩は商場知行制のもとアイヌ民族との交易権を幕府か

ら保証され、日本の北の玄関として独自の役割を担うようになった。こう
して、近世の東北社会の骨格が完成していった。

［参考文献］
遠藤ゆり子編『伊達氏と戦国争乱』（東北の中世史４、吉川弘文館、2016年）
高橋充編『東北近世の胎動』（東北の中世史５、吉川弘文館、2016年）

02.

中近世移行期の東北の城

●●●●●●●●●●●●

織豊系城郭の誕生　　豊臣秀吉による奥羽仕置以降、東北地方には
それまでなかった織豊系城郭という新たな形
の城が築かれるようになった。織豊系城郭とは、信長・秀吉に関連する城
に共通する築城技術を施した城のことで、近世城郭の原型となったもので
ある。

　その特徴としては、高石垣・瓦・礎石建物の３点セットが施されている
ことが挙げられる。これらは、それまで城には使われなかったものであっ
たが、織豊系城郭によって城にも導入されるようになった。また、多くの
城で天守が建てられるようになったことも特徴といえる。織豊系城郭は、
軍事目的もさることながら、権力・権威を誇示し「見せる城」としての側
面が大きい。

　織豊系城郭は、縄張構造にも特徴があった。本丸・二の丸・三の丸とい
うように、曲輪の階層差が明確な求心的な縄張構造となっており、塁線が
直線的で側面射撃を可能とした横矢がかりや、四角い空間を設けた出入り
口である枡形虎口、虎口の外側を防御する小曲輪である馬出など高度な築
城技術も多用されている。群郭式城郭をはじめとした東北地方の戦国期城
郭とは大きく異なるプランであった。こうした縄張構造は、信長から秀吉
の時代にかけて徐々に洗練・パターン化され、近世城郭の基本プランとし
て全国に広がっていった。

東北の織豊系城郭

　では、東北に築かれた織豊系城郭の実態とはどのようなものであったのだろうか。いくつか具体的な事例をみてみよう。

　まずは、蒲生氏郷が築城した会津若松城（福島県会津若松市）である。3点セットすべてが導入され、瓦の一部は金箔瓦となっていた。当時奥羽には存在しなかった巨大な天守（てんしゅ）が建設され、縄張も直線的で求心的な構造に改修された。その姿は典型的な織豊系城郭であり、豊臣政権の奥羽支配の要としての姿にふさわしいものであった。

　蒲生氏は、猪苗代城（い なわしろ）（福島県猪苗代町）、守山城（もりやま）（福島県郡山市）、二本松城（に ほんまつ）（福島県二本松市）、三春城（み はる）（福島県三春町）など多くの支城を設けた。いずれも戦国時代以来の拠点城郭を受け継いでいるが、織豊系に改修された。ただし、3点セットすべて揃っているのは会津若松城のみであり、部分的に織豊化されていることに特徴がある。高石垣は比較的多くの支城で導入されているものの、礎石建物は導入された城とされなかった城に分かれており、瓦が使われた形跡は確認されていない。縄張も、本丸など中心部のみ求心的な構造に改修しているものがほとんどである。

　1591年（天正19）の九戸政実の乱（くの へ まさざね）の舞台となった九戸城（岩手県二戸市）（にの へ）も、落城後豊臣軍によって織豊系城郭に改修され、福岡城と改称した。九戸城は、典

図32　九戸城の石垣

型的な群郭式城郭だったが、石垣と礎石建物が設けられ、本丸を直線的な堀で囲み枡形虎口を設けて求心的な縄張構造に改修した。しかし、その外側の曲輪については群郭式城郭の姿をそのまま残しており、中心部のみ織豊化する形だったことがわかる。

　このほか、伊達政宗の居城となった岩出山城（宮城県大崎市）は、3点セットのいずれも確認されていないものの、直線的な横堀や半円形をした丸馬出が設けられており、縄張の一部が織豊化されたと考えられる。津軽氏の居城となった堀越城（青森県弘前市）は、求心的な縄張構造になっているが、後に居城とした弘前城とは大きく異なり、土塁と堀による「土造りの城」であり、3点セットのうち礎石建物のみ認められる。やはり、部分的に織豊化した事例と考えられる。

　このように、東北の城は、決して織豊系城郭の技術一色に染まったわけではなかった。会津若松城のような典型的な織豊系城郭が築かれる一方で、築城・改修時の政治的・経済的な事情や築城主体の権力構造の問題などを背景に、東北在来の城づくりを残しながら部分的に織豊化したものが多かった。

近世城郭・城下町の整備

　関ヶ原の戦い以後、各大名の居城・城下町の整備が順次実施されていった。南部氏の盛岡城（岩手県盛岡市）、津軽氏の弘前城（青森県弘前市）、伊達氏の仙台城（宮城県仙台市）など、高石垣を導入した本格的な近世城郭が各地で生まれた。このうち、現存する弘前城の天守は近世末期に建てられたものだが、東北地方で唯一残っている天守として著名である。

　一方で、佐竹氏の久保田城（秋田県秋田市）や上杉氏の米沢城（山形県米沢市）のように、ほとんど石垣を設けない土造りの近世城郭も誕生した。また、相馬氏の中村城（福島県相馬市）は、本丸に石垣が設けられたが、上部にのみ設ける鉢巻石垣という珍しい形態をとった。この頃の城

も、実にさまざまな姿を見せていたのである。

このうち、仙台城は「北の関ヶ原」の最中である1600年（慶長5）12月に築城が開始され、同時に城下町の整備も進められていった。仙台城下町は、伊達家の御譜代町と呼ばれる大町・肴町・南町・立町・柳町・荒町の6町を中心に、周辺地域から国分町や北目町などを移転させて整備され、それにともない領国を貫通する大動脈である奥州街道の整備・

図33　弘前城

図34　仙台城

付け替えも行われた。また、光明寺、満勝寺、東昌寺、覚範寺、資福寺から成る「北山五山」などの寺社の整備も進められていった。

最上氏の居城である山形城と城下町も、関ヶ原の戦い以後に拡張・整備が進められた。家臣団の屋敷や商職人の町・寺社・羽州街道の整備、広大な三の丸の構築などが行われ、現在の山形市街地の基礎が形成された。

こうした大名居城の築城・城下町の整備は、周辺地域社会の大幅な再編

をもたらし、ひいては領国全体の構造にも大きな変化を及ぼした。

一国一城令以後の東北

大坂の陣を終えた直後の1615年（元和
元）、江戸幕府は一国一城令を発令した。この
法令は、大名の居城を一城に限るよう命じたものであり、幕府による大名
統制の一環であったが、同時に大名家当主が自立的な重臣層を統制する役
割をも果たしていた。その対象は、主として西国に限定されていたため、
奥羽は事実上対象外であった。

　しかし、秋田藩佐竹氏は、一国一城令の存在を知り、1620年（元和6）
に自主的に支城の破却を幕府に願い出た。その結果、居城の久保田城のほ
か大館城・横手城が幕府から存続を命じられ、その他は破却された。直接
の対象外とはいえ、奥羽にも一国一城令の影響は及んでいた。

　秋田藩佐竹氏のように、一国一城令後も複数の城を抱えることを許され
た藩が他にも存在した。南部氏の場合は、盛岡城のほかに花巻城が幕府か
ら認められ、遠野鍋倉城も「館」として認定されていた。山形藩最上氏
は、1622年（元和8）の改易時に20城以上の支城を保持していた。会津
藩も猪苗代城が支城として残った。

　仙台藩伊達氏の場合は、仙台城のほかに白石城も幕府から公式に「城」
と認定された。城主である片倉景綱の特殊な立場が関係しているともいわ
れている。これとは別に、仙台藩には実態は明らかに城そのものであって
も「城」とは称されず、「要害」や「所」「在所」と呼ばれたものが多数
存在した。そのほとんどは、戦国時代以来の地域支配の拠点となっていた
城を利用したものであった。「要害」には岩出山（宮城県大崎市）、涌谷
（宮城県涌谷町）、亘理（宮城県亘理町）、角田（宮城県角田市）など、「所」
には宮床（宮城県大和町）、松山（宮城県大崎市）、村田（宮城県村田町）、駒
ヶ嶺（福島県新地町）などが挙げられ、いずれも幕府から認められてい
る。米沢藩にも、「御役屋」と呼ばれた事実上の城が複数存在していた。

このような状況が生まれた背景には、豊臣政権による城破りが不徹底に終わったこと、大名権力の一族・重臣層の自立性が高かったこと、家臣に一定の土地支配権を与え、そこからの収益を俸禄とする地方知行制を採用している藩が多かったことなどが挙げられる。東北地方ならではの歴史的背景が影響したといえる。こうして、東北地方は近世城郭史のなかでも特異な地域としての性格を帯びるようになったのである。

［参考文献］
遠藤ゆり子編『伊達氏と戦国争乱』（東北の中世史4、吉川弘文館、2016年）
高橋充編『東北近世の胎動』（東北の中世史5、吉川弘文館、2016年）
齋藤慎一・向井一雄『日本城郭史』（吉川弘文館、2016年）
飯村均・室野秀文編『東北の名城を歩く　南東北編・北東北編』（吉川弘文館、2017年）

03.

藩政の展開

大名配置の確定

　　江戸幕府による東北地方の大名配置は、17世紀半ばに至って、ほぼ確定した。1643年（寛永20）、会津40万石を領有する加藤氏の改易により、その跡には、山形から保科正之が23万石で入封し、また丹羽氏が白河から11万石で二本松に移された。1664年（寛文4）には、上杉氏と南部氏に継嗣問題が起こり、ともに改易はまぬがれたが、上杉氏は出羽国置賜郡米沢15万石に領地を半減され、南部氏の盛岡藩10万石は盛岡南部8万石と八戸南部2万石に分封された。この間、現在の山形・福島県域のなかに御料（幕府直轄地）の配置が進んだ。

　東北全体を見渡すと、伊達氏（仙台藩）・南部氏（盛岡藩）・津軽氏（弘前藩）・佐竹氏（秋田藩）などの外様大名が広範な地域を占め、これを牽制するように、陸奥国の南側を親藩（家門）の保科氏（会津藩）、出羽国の南側を譜代大名の酒井氏（庄内藩）がそれぞれ押さえ、山形・福島・白河・磐城なども領主の交替はありながらも、譜代大名で固められた。この形勢は以後、幕末まで、ほぼ変わらずに続くことになる。

地方知行制の採用

　　大名が支配する一定範囲の地域政権を、藩と呼ぶ。また、江戸幕府と諸藩が全国の土地と人民を支配する政治社会のしくみを、幕藩体制と呼んでいる。東北の諸藩は、17世紀半ばから後期を画期として、それぞれ独自の支配組織を整備

し、いわゆる藩政の確立期を迎えた。藩ごとに租税制度や法制度、行政の機構は異なるが、弘前・秋田・盛岡・八戸・仙台・米沢・一関・新庄などの外様藩は、家臣に知行地（給地）を与え、そこから年貢を直接取らせる地方知行制を採用した。なかでも、秋田・盛岡・八戸・仙台の各藩では、幕末まで地方知行制が存続し、仙台藩のように、1万石以上の領地をもつ大身家臣が存在した藩もある。

　仙台藩では、藩祖伊達政宗が17世紀初頭から、家臣に本知に加えて、野谷地と呼ばれる未墾地を与えて開墾させ、一定期間後に知行に結ぶという開発方式を採り、これにより石高の増大をはかった。表高62万石の仙台藩は、こうして寛永検地の段階で実高が新田高を含めて90万石に達し、17世紀後期の実高は100万石を超えていた。地方知行制は、領内に広がる未墾地の開拓を支えただけでなく、家臣団

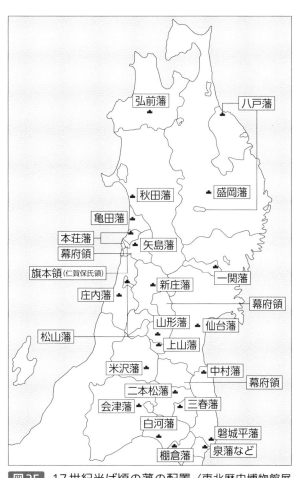

図35 17世紀半ば頃の藩の配置（東北歴史博物館展示案内『共生と対立』2018年より作図）

を維持するための方策とされた側面もある。伊達氏は譜代家臣に加えて、合戦で破った戦国武将を多数召し抱えており、巨大化した家臣団に知行地を与え、自力開発を促すことで、強大な軍備の維持を可能としたのである。

　秋田藩の場合は、国替えにより「占領軍」として領内支配に臨んだ佐竹氏が、地方知行制を軍事編成に利用したとする見方がある。佐竹氏は入封から間もなく、領内の軍事的要所である檜山・大館・角館など７カ所に佐竹を名乗る家などからなる一門や、大身家臣を「所預」として配置し、その下に藩主の直臣を配属させた。所預とその配下を中心に家臣に給与された知行地は、藩の領知高の約７割に及び、この比率は基本的に幕末まで変わることはなかった。ただし、知行地は藩により年貢の賦課基準を設定され、また分散化・錯綜化がはかられるなど、家臣の恣意的な支配を制限する政策がとられていく。

　全国的には、地方知行は17世紀半ばまでに蔵米知行に切り替えられてゆき、17世紀末の編纂とされる『土芥寇讎記』によると、全国243藩のうち地方知行制をとるのは39藩である。だが、この39藩は上記の東北諸藩のほか、薩摩・土佐・萩などの外様大藩と、徳川御三家、譜代筆頭の彦根藩などが該当する。領知高では全体のおよそ５割を占めている。つまり東北の外様藩は、地方知行制の採用において全国の格式高い大名家の列に並んでいたことになる。制度が根強く存続した事情については、武士が本来的に有する領主権との関わりからも問い直されている。

藩政確立期までの動向

藩政前期の政治は、一般的には、藩主の独裁的な側面が強い段階から、官僚制が整備され、役職に就いた重臣の合議制で運営される方式に変わり、藩政の確立をみるとされている。東北諸藩ではそうした過程にあって、家格最上位の一門層や、大身家臣らが藩の重職を占めて影響力を保持し、藩主と家臣、あるいは家臣同士の軋轢が繰り返された。

弘前藩では、藩祖津軽為信による政治的統一の後、17世紀半ばまで、2代藩主の座をめぐり一族が争った津軽騒動をはじめ、相続をめぐる藩内闘争が相次いで発生した。騒動を通して藩の集権的体制は整備されてゆき、4代信政の治世に藩政確立の時期を迎える。盛岡藩は2代藩主南部利直、3代藩主重直の治世に、それまで主流を占めていた一門・一族の勢力の弱体化がめざされた。彼らに集中していた地方知行の減禄や禄米化が推進され、家臣への新恩給与の知行宛行を通じて、藩の経済的基礎が固められた。この過程で、藩主の一族の八戸南部氏では、女性を中継ぎの当主に据えるという、近世の武家には稀有な相続策がとられている。

　仙台藩では、17世紀後半、3代藩主伊達綱宗の就任後間もない隠居強制と、幼君亀千代（4代綱村）の家督相続に端を発して、一門層による、12年に及ぶ御家騒動が勃発した。のちに「伊達騒動」と呼ばれるこの騒動は、幕府の大老邸での刃傷という劇的な結末を迎えたが、かろうじて所領は安堵され、綱村の岳父で幕府老中の稲葉正則の後見のもとに、官僚体制の整備が進められることになる。ただし一門層の藩政への関与は、その後も藩政中期まで続いた。

中期藩政改革の展開

　東北諸藩の経済基盤は、新田開発による稲作に加えて、山林資源や、銀山・銅山の鉱山資源により支えられていた。しかし18世紀に入る頃から、藩財政は緊迫し、検地の実施による年貢の増徴や、上方商人からの御用金の徴収、鉱山の新規開発、家臣の俸禄の削減などの対策が相次いで実施された。だが事態は改善に向かわず、宝暦・天明の飢饉により領内人口は激減し、多くの手余り地が発生して、本百姓体制の維持が困難を極めていった。

　多くの藩が農村荒廃と深刻な財政危機に直面していた18世紀半ばから後期にかけて、改革政治を断行し、成果をあげた例として、米沢藩の上杉治憲（鷹山）による安永改革、秋田藩の佐竹義和による寛政改革はよく知

図36 米沢藩で作成された『孝子伝』
（米沢市上杉博物館所蔵）

られている。倹約の徹底と緊縮財政、農村支配体制の再編強化に加え、藩校の開設による人材育成、国産奨励と専売政策による藩益の確保などに着手している。

藩政中期の改革政治は、弘前・新庄・庄内・白河などの諸藩でも行われており、東北の藩政史を特徴づける事項の一つといってよい。長らくその評価については、領主的危機に対応した復古主義的な体制の立て直しとする理解がなされてきが、これは多分に、19世紀前期にはじまる西南雄藩の改革政治との質的違いを強調されてきた向きがある。これに対して近年、東北諸藩の中期藩政改革を19世紀以降の政治や社会構造との関連性や、農民の提起による殖産政策の登場、藩学の受容による政治理念や政策主体の形成という観点から意義づける、新たな研究潮流が生まれている。

なかでも、幕末にかけて藩政策の実質に関わった家臣集団は、秋田藩では明徳館、仙台藩では養賢堂、会津藩では日新館など、藩校に学んだ者たちであった。有用な中・下級武士を積極的に改革政治に登用することで、専売制や殖産興業などの諸策が推し進められたのである。

産育と養老をめぐる施策

中後期の藩政は、領民の産育や養老をめぐる政策の展開によっても特徴づけられる。5代将軍徳川綱吉が発令した生類憐み令のうち、捨て子や病人、行き倒れの保護に関する方針は、8代将軍吉宗の政策に引き継がれていたが、この時

期、東北の諸藩も具体的な施策を打ち出している。

　赤子養育あるいは産子養育仕法と呼ばれる人口政策は、飢饉の頻発、疫病の流行に加えて、堕胎や間引きの蔓延により激減した領内人口の回復をめざして実施された。東北地方では、仙台・一関・会津・中村・二本松・三春ほか7藩で推進され、その内容は、①堕胎・間引きを防止する教諭活動、②懐妊婦と出産を確認する巡回調査、③養育料の貸付や給付、などが共通している。

　養育手当の支給は、はやくは、三春・二本松・新庄藩などで18世紀前期に開始されている。村の名望家や代官などが、独自の財源を用意して実施していたが、18世紀半ばから19世紀初頭に藩の政策に取り上げられ、領内全体にゆきわたることになった。

　制度の実効性についての評価は分かれている。だが、幕末にかけて東北諸藩の人口は、回復に向かった。それまで忌み嫌われがちであった双子や三つ子の養育意識が喚起され、子供の養育を支える貯穀が村々に設置されたことの意義は、小さくない。

　一方、米沢・秋田・弘前・仙台などの各藩では、長寿を祝う「養老式」が執行され、老齢の者への養老扶持の給付や、孝子をはじめとする善行の褒賞が拡大した。藩士に対して、身内の看病・介護のための休暇を認める「看病断」の制度も創設されている。戦争死がない時代にあって、健康で長生きをする「養生」への関心が高まり、還暦を過ぎて生き延びる人々が増えていたが、老親を扶養する家族の役割が重視されていたのである。

［参考文献］
横山昭男『上杉鷹山』(吉川弘文館、1987年)
仙台市史編さん委員会『仙台市史　通史編4近世2』(仙台市、2003年)
金森正也『藩政改革と地域社会―秋田藩の「寛政」と「天保」―』(清文堂出版、2011年)
柳谷慶子『江戸時代の老いと看取り』(山川出版社、2011年)

04.

人・モノ・文化の交流

街道と水運　　　　江戸時代の東北は陸路・水路の整備と発達により、三都をはじめ、ひろく日本列島の各地と人や物資の往来が増え、都市文化の受容も活発化した。

　陸路の幹道である奥州街道（奥州道中）は、江戸を起点とする五街道の一つとして道筋と宿駅が整えられた。正式には陸奥国白河（福島県白河市）までの区間を指しているが、仙台城下（宮城県仙台市）・盛岡城下（岩手県盛岡市）を経て、松前（北海道松前町）に渡る三厩（青森県外ヶ浜町）までの道筋が整備され、仙台・松前道とも呼ばれた。参勤交代の道として、松前藩をはじめ30近くの藩に利用され、仙台藩主はおよそ7泊8日から8泊9日、盛岡藩主は11泊12日から12泊13日の行程で江戸と国元を往復している。

　奥州街道から分岐する脇街道の整備も進み、17世紀半ばには東北全体に街道が張り巡らされた。羽州街道は、伊達郡桑折宿（福島県桑折町）で奥州街道から分かれ、奥羽山脈を越えて出羽国を縦断する幹道である。日本海側の諸藩を中心に参勤交代の道として利用され、出羽置賜の幕領米を江戸に送る駄送路としての役割も重要であった。

　時代が下るとともに、街道と宿駅は、公用で松前・箱館や蝦夷地に向かう武士や、遠隔地間の取引きに従事する商人の往来で賑わいを増していく。さらに、東北の風土や歴史に関心を寄せる文人の旅や、塩竈・松島、出羽三山などを巡り歩く庶民の奥参りも増えていった。

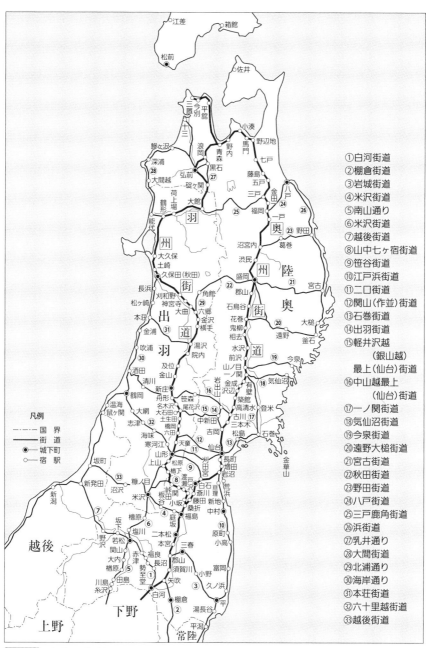

①白河街道
②棚倉街道
③岩城街道
④米沢街道
⑤南山通り
⑥米沢街道
⑦越後街道
⑧山中七ヶ宿街道
⑨笹谷街道
⑩江戸浜街道
⑪二口街道
⑫関山(作並)街道
⑬石巻街道
⑭出羽街道
⑮軽井沢越
　　（銀山越）
　最上(仙台)街道
⑯中山越最上
　　（仙台）街道
⑰一ノ関街道
⑱気仙沼街道
⑲今泉街道
⑳遠野大槌街道
㉑宮古街道
㉒秋田街道
㉓野田街道
㉔八戸街道
㉕三戸鹿角街道
㉖浜街道
㉗乳井通り
㉘大間街道
㉙北浦通り
㉚海岸通り
㉛本荘街道
㉜六十里越街道
㉝越後街道

図37 東北の街道（渡辺信夫編『東北の交流史』1999年、図3により作図）

一方、物資の輸送を拡大したのは舟運（しゅううん）と海運の整備・発達である。最上川・北上川・阿武隈川などを利用する舟運は、江戸時代初期から年貢米の輸送に大きな役割を果たしていたが、商品経済が発達する17世紀後期には、内陸の盆地で栽培された紅花（べにばな）や青苧（あおそ）などの輸送が増大していく。

　17世紀後期に西廻り（にしまわり）・東廻り（ひがしまわり）のあらたな海運航路が開かれると、東北の港には、千石船（せんごくぶね）と呼ばれる大型の廻船（かいせん）が進出してきて、江戸や上方への米の輸送は飛躍的に増大した。近年の研究では、地域の海運勢力として、東北太平洋側を運航した「奥筋廻船（おくすじ）」の存在も着目されている。こうして江戸時代後期には、日本列島の沿岸を一周する沿海の海運網ができあがり、東北地方の主要な港はその一環に組み込まれ、商品を積み下ろす場として発展を遂げたのである。

紅花の商業ネットワーク

　街道と舟運・海運が結びつくことで、東北地方はほかの地域とどのような交流が生まれていたのだろうか。紅花の販路、都市への遊学、庶民の旅、という3つの観点からみてみよう。

　最上川中流域に位置する出羽国村山郡（でわ・むらやま）は、最上川の舟運と日本海の海運により、大坂や京都と太いパイプで結ばれた。とりわけ稲作や紅花（べにばな）の生産が拡大するのに伴い、地元商人の経営は大きく発展していく。

　1689年（元禄（げんろく）2）、俳人の松尾芭蕉（まつおばしょう）は門人の河合曾良（かわいそら）を伴い「おくのほそ道」の旅に出立し、村山郡尾花沢（おばなざわ）（山形県尾花沢市）で鈴木清風（すずきせいふう）の俳（はい）諧仲間（かい）に迎えられ、歌仙（かせん）（36句連続して読む俳諧形式）を興行している。この鈴木清風は、「紅花大尽（べにばなだいじん）」の異名をもった当地の豪商の一人である。

　染色や化粧・薬の原料となる紅花は、奢侈品（しゃしひん）であったため、上方市場でとくに重宝された。山形城下十日町（とおかまち）の商人、長谷川吉郎治家（はせがわきちろうじ）は、幕末には紅花取引で全国トップの地位を築いている。村山郡で生産される「最上紅花」に対して、陸奥国刈田郡（かった）・柴田郡（しばた）で生産された「仙台紅花」も、「最

上紅花」の栽培技術を採り入れた地元農家の努力が実を結び、18世紀末には、京都市場で「最上紅花」を上回る相場がついていた。

内陸の盆地には紅花商人の帰り荷として、木綿・古着・瀬戸物・小間物などが運ばれ、ひろく商われるようになる。

遊学による都市文化の受容

江戸や京都・大坂には全国から、最新の学問や文化を学ぶ人々が集っていた。山形城下で医業を営んでいた細矢（谷）家は、18世紀前期から京都へ子弟を遊学させていたが、その事情をみてみよう。

細矢家は系譜（東北学院大学東北文化研究所蔵「細谷家文書」）によれば、山形藩初代藩主最上義光の家臣の家柄である。最上氏は1622年（元和8）近江国大森へ改易されたが、細矢家はこれに随従せず、山形城下にとどまり横町（現山形市本町）に屋敷を構えて、酒造業を始めた。医業を生業とするのは3代玄澤のときからである。

玄澤の孫で医業3世の良璹は、1729年（享保14）に医学の修業を志し、京都に上った。以来、細矢家の子弟は幕末の医業7世良珉まで5代にわたり、京都での修業を慣例としている。歴代の当主は生業のかたわら、城下と周辺農村で金融活動や土地集積を行い、寄生地主として蓄財を続けている。こうした潤沢な経営を背景に、舟運による往来の便が開かれた京都へ子弟を遊学させることができたのである。

医業4世良珉の弟東安は、1765年（明和2）19歳で上洛するが、就学後も京都にとどまり、42歳のとき、御室仁和寺宮家に侍医として仕えた。その後50歳で京都市中に屋敷を構え、細矢家の分家をおこした。

東安の没後、いっとき、その跡目を継いでいた細矢本家の医業6世玄俊（1786〜1849）は、仁和寺宮家の人々をはじめ、京都の上流文化人と交際する機会に恵まれたことで、香道や茶道・書道の素養を身に着け、書画・骨董への関心を高めている。さらに、そうした交流のなかで、明代

図38 「大明地理之図」（公益財団法人東洋文庫所蔵）

末の中国を中心に東アジアの絵図として作成された「大明地理之図」を模写することを許され、1814年（文化11）に模写を完成させた。異国の情報を満載したこの貴重な絵図を玄俊は、京都で購入した医学書や茶道・香道の道具類、骨董品とともに、山形に持ち帰っている。また、細矢家の財産を記した『秘府尋訪録』と題する帳簿によれば、玄俊は京都から帰国した後も山形城下の商人を通じて、京都や江戸からしばしば陶磁器や漆器の椀皿類を新調していたことが知られる。

　幕末の山形城下の暮らしは、細矢家だけでなく、肥前や瀬戸・美濃の陶器など、広く産地から運ばれた道具類で彩られていたことが、近年の埋蔵文化財の発掘調査により明らかになっている。

庶民の金毘羅・伊勢参詣

　信仰と物見遊山を兼ねた庶民の旅は、19世紀に入ると、伊勢神宮や、その先の金毘羅宮へ

の参詣をめざして増加していく。

　出羽国本荘城下（秋田県由利本荘市）の有力商人であった今野蔵松の姉いとは、1862年（文久2）に金毘羅宮と伊勢神宮を巡る151日におよぶ大旅行に出立した。日々の行程と出納を記した「参宮道中諸用記」（『本荘市史』史料編Ⅳ）により、いとの足跡をたどってみよう。

　いとは、女友達1人と伴の男性2人の一行4人で、往路は日本海沿いに北陸を経由して、上方に向かった。京都、大坂から瀬戸内海沿いに中国路を進み、備前国田ノ口湊から夜船で四国の丸亀に渡り、10月1日に琴平に到着する。こうして旅の第一の目的地である金毘羅宮の参詣を果たした。

　復路は、再び中国路を通って、大坂から高野山に向かい、大和国で名刹を巡拝した後、伊勢路に入り、参宮街道を通って伊勢山田に到着した。御師の三日市太夫次郎の案内で2日にわたり外宮と内宮、および末社の参拝を終えると、東海道から箱根を越えて、江戸に入った。これより日光へ向かい、東照宮に詣でた後、奥州街道を北上し、七ヶ宿街道を越えて出羽国に入り、山形、横手を経て、12月24日、無事に本荘に帰着した。

　往路・復路をほぼ別コースでたどり、名高い霊場や寺社、名所旧跡を踏破したうえに、京都・大坂・江戸には長く滞在して、観光と芝居見物を存分に楽しんでいる。こうした行程とスタイルは、伊勢詣、金毘羅詣をめざした庶民の旅に共通する特徴である。旅の先達者の情報が地域で共有され、モデルとされたものとみられる。

　一方、女性の身として旅の最大の関門は関所の通過であった。このため、北国街道市振関所、東海道箱根関所などでは、案内人を頼み「女かくれ道」といわれる険しい迂回路を通っている。「女人禁制」の高野山の参拝では、山腹に設けられた女人堂から遥拝し、伴の男性に奥の院への供物を納めさせた。高野山の女人禁制が解かれるのは、1872年（明治5）のことである。

　旅先でいとは、帯や反物、和装小物、化粧道具など、女性ならではの贅

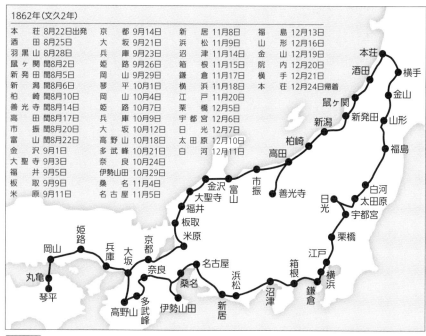

図39　今野いとの旅程（『本荘市史』史料編Ⅳ所収、「参宮道中諸用記」をもとに作図）

1862年（文久2年）

本　荘 8月22日出発	京　都 9月14日	新　居 11月8日	福　島 12月13日
酒　田 8月25日	大　坂 9月21日	浜　松 11月9日	山　形 12月16日
羽黒山 8月28日	兵　庫 9月23日	沼　津 11月14日	金　山 12月19日
鼠ヶ関 閏8月2日	姫　路 9月26日	箱　根 11月15日	院　内 12月20日
新発田 閏8月5日	岡　山 9月29日	鎌　倉 11月17日	横　手 12月21日
新　潟 8月6日	琴　平 10月1日	横　浜 11月18日	本　荘 12月24日帰着
柏　崎 閏8月10日	岡　山 10月4日	江　戸 11月20日	
善光寺 閏8月14日	兵　庫 10月7日	栗　橋 12月5日	
高　田 閏8月17日	大　坂 10月12日	宇都宮 12月6日	
市　振 閏8月20日	高野山 10月18日	日　光 12月7日	
富　山 閏8月22日	多武峰 10月21日	太田原 12月10日	
金　山 9月1日	奈　良 10月24日	白　河 12月11日	
大聖寺 9月3日	伊勢山田 10月29日		
福　井 9月5日	桑　名 11月4日		
板　取 9月9日	名古屋 11月5日		
米　原 9月11日			

沢な買い物を楽しみ、さらに、掛袱紗（かけふくさ）20枚、扇子（せんす）30本、大丸手拭（だいまる）3反、絵紙93枚、書簡袋700枚など、郷里への大量の土産を購入している。

　こうして旅の総費用は33両にのぼっていた。1両あれば大人1人の1年分の食い扶持である米1石が買えた時代である。東北の上層の家の女性は、幕末には、隠居の年齢となって体力がある者は、家のバックアップを受けて、このような旅を実行することができたのである。

[参考文献]
渡辺信夫編『東北の交流史』（無明舎出版、1999年）
斎藤善之『海の道、川の道』（山川出版社、2003年）
岩田浩太郎「村田商人の歴史的条件（上）（下）―全国市場との関係をふまえて―」（『仙臺郷土研究』293・294号、2016・2017年）
高橋陽一『旅と交流にみる近世社会』（清文堂出版、2017年）

イザベラ・バードの日本探検

　イギリス人女性イザベラ・バードが日光^{にっこう}から北海道まで縦断したの
は1878年（明治11）6〜9月のことである。イギリスが世界的な帝国
を築いていたこの時代には、多くの探検家が世界各地で「未踏の地」
の踏破を競いあっていた。例えば、イギリスの探検家スタンリーが中
央アフリカで消息を絶った探検家リヴィングストンを捜索の末に発見
したのは有名なエピソードである。

　明治期以降、訪日して日本の文物に触れる西洋人は数を増してい
た。そうした中で、バードの旅行にはそうした探検の雰囲気も垣間見
られるように思われる。バードは"探検"への出発前に日光に短期滞
在して縦断ルートを検討した。まず日本海に出たかったバードは既存
の新潟への道筋を把握していたものの、「その新潟コースはとらない
ことに決めた」。彼女は「ブランドンの日本地図」を自分で調べ、鬼
怒川^{きぬ}沿いを北上して田島を目指すことにする。当時の山道は舗装され
ておらず梅雨の泥濘でひどいこと、すなわち「道がたいそう悪く、し
かも山の中ばかり」であることは承知の上であった。また、「そこに
着けば、その先に行くことができるだろう」との言葉は、つまり田島
から先について確証がないことを暗示していた。同行の通訳の伊藤鶴
吉が考え直すよう促したが、バードは意に介さなかった。

　実際にバードはこの縦断の間、数々の難路を悪戦苦闘しつつ進むこ
ととなった。それに飽き足らず、例えば、奥会津の大内宿^{おおうちじゅく}から会津

平野への峠越えの際に「本街道」ではなく「ひどい山路」を選んだように、険しい経路を敢えて進んでいるようにも見える。日光出発前に「いよいよ私の旅行は「未踏の地」だけとなる」と記しているが、バードは西洋人がまだ通っていない道を踏破することに価値を見出していたのであろう。

　バードの縦断の記録は書籍として刊行された。旅先の人々の礼儀正しさに感心したり、他方で生活の「だらしなさ」や「貧しさ」にあきれ果てたり、バードの筆致は平易かつ率直である。米沢に達した時「アジアの桃源郷」と感嘆したのは知られているが、賛辞ばかりを書き連ねているわけではない。そして、北海道でのアイヌの人々との交流もとても興味深いものである。著書のタイトルは『日本の未踏の地（Unbeaten Tracks in Japan)』という（邦題は『日本奥地紀行』）。同書を紐解き、彼女の目に明治初期の東北と北海道がどのように映ったのか確認してみてはいかがだろうか。

［参考文献］
イザベラ・バード（高梨健吉訳）『日本奥地紀行』（平凡社、2000 年）

05.

災害と備え

●●●●●●●●●●●●●災害と備え

大規模飢饉の発生　　　江戸時代には寛永・元禄・享保・宝暦・天明・天保などの年号を冠した大きな飢饉が発生している。東北地方ではとくに元禄の飢饉（1695〜96）、宝暦の飢饉（1755〜56）、天明の飢饉（1783〜84）、天保の飢饉（1833〜39）が死者をたくさん出した飢饉であった。

　飢饉はその土地では、「ケカチ」あるいは「ガシ」と呼ばれた。食べ物が不足し、飢えた状態になることをいうが、冷害、旱害、風水害、虫害、獣害など、主に自然的な要因により農作物が被害を受ける凶作がきっかけとなっていた。近年、古気候学の研究が進み、江戸時代は温暖・寒冷の気候変動が繰り返していたことが知られている。とくに寒冷期には、夏の終わりにオホーツク高気圧が発達しやすく、東北地方の北部や太平洋側の地域では、ヤマセと呼ばれる北東風、ないし東風の霖雨（長雨）が続いた。このため低温や日照不足により、ひどいところでは収穫が皆無となるような被害となったのである。

　ヤマセが原因となった凶作・飢饉のほかに、奥州北部の八戸藩のように、イノシシが大量発生し作物を食い荒らして凶作となったところもある。それが原因で餓死者が出たことで、「猪飢饉」と呼ばれる寛延の飢饉（1749〜50）が起きている。この年は冷害年でもあったが、山畑の開発やオオカミの駆除などが、イノシシの繁殖を促したと考えられている。

飢饉のさまざまな要因　本来、１年ほどの凶作でただちに飢饉になることは、考えにくい。そこには、人災的な要素、社会経済上の問題など、さまざまな要因が絡んでいたとみたほうがよいだろう。

　幕府や藩の領主財政は、基本的には農民からの年貢で成り立っており、財政が困窮すると、凶作年であっても厳しく年貢を取り立て、飢饉への対応はなおざりになりがちであった。

　一方、17世紀の東北は新田開発が進み、とくに岩木川・雄物川・最上川・北上川・名取川・阿武隈川流域の沖積平野は豊かな穀倉地帯となり、中山間地域の畑作地帯では大豆などの生産がさかんになった。最大の商品であった米は、農村から江戸や大坂へ運ばれ、都市住民の暮らしを支えたほか、鉱山で働く人々の食料として供給され、アイヌ交易に使うために松前・蝦夷地へも移出された。このような列島規模に及ぶ経済社会の進展の陰で、農村に残される米が減ったことも、飢饉の発生と大きく絡んでいたのである。

　さらに農村では、米などを換金することで、衣食住に関わるさまざまな生活物資が手に入るようになり、生活向上の意欲が高められていった。しかし、急速な貨幣・商品経済の進展は、凶作・飢饉への対策を油断させ、数十年に１回の大凶作に襲われると、それに対応できない状況を生み出していたのである。

天明の飢饉の経緯　元禄の飢饉以降、東北地方で最も甚大な被害を出した天明の飢饉を例にとり、飢饉に至った経緯をみておこう。

　1782年（天明2）に西日本などが不作になり、翌83年夏にかけて、米価が全国的に高値になると、東北諸藩では、これを売る機会ととらえて、

ヤマセが吹くなかでも82年産の米を江戸や大坂方面に売り急ぎ、領内に残る米が極端に少なくなっていった。

　弘前藩では1783年7月、青森（青森県青森市）・鯵ヶ沢（青森県鯵ヶ沢町）・深浦（青森県深浦町）で、米の移出（廻米）に反対する米騒動が発生した。凶作への不安と米価の高騰から、町の住民が自分たちの飯米を確保しようと、公定値段での販売と廻米の中止を藩に求めたのである。

　仙台藩でも同年9月、城下でその日暮しの民衆らが、金上侍（献金によって武士身分に取り立てられた者）の安倍清右衛門の屋敷に押しかけ、打ちこわした（安倍清騒動）。安倍は藩の廻米政策を推進し、農村でさかんに買米し、それを江戸へ廻送して利益を上げようとした。このため、領内の米価高騰と米払底を招いた張本人とみなされたのである。

　こうして農民の手元にあった米や、備蓄されていた米までもが領外へ売られてしまった。そこに大凶作が襲い、1784年夏にかけて、東北全体で30万人を上回る死者が出たと考えられている。餓死者に加えて、飢饉には疫病が付き物といわれるように、傷寒（腸チフスなど）と呼ばれる流行病で次々と命が奪われていった。

　東北諸藩は飢饉時に領外から米を買い付けようとしたが、各藩は穀留といって移出を禁じ、藩境で抜荷を厳しく取り締まっていた。また、北陸など遠方から買い付ける方法も、海の荒れる冬期には北前船などの廻船が動かず、間に合わなかったのである。

「御救山」と貯穀制度

　農民たちは食料を食い尽くすと、山野に入り、蕨・葛の根や野老、ドングリ、栃の実などを採取し、加工方法を工夫して食料とし、飢えを凌いだ。松の皮も重宝され、手間はかかるが粉末状に砕いて米や大豆の粉に混ぜ、餅にして食していた。断続的な食糧難の体験により、地域にはそれぞれ救荒食をめぐる民俗知識が生まれている。

図40 餓死萬霊等供養塔（八戸市対泉院 青森県史跡指定）

一方、藩による飢饉時の救済政策のひとつに、「御救山」がある。ふだんは「留山」として領民の利用を制限する森林を、期限付きで開放して、枝木などを自家用に消費したり販売して換金し、生活の足しとすることを許したのである。

宝暦・天明の飢饉の体験によって、社倉や義倉と呼ばれる食料の備蓄が各藩で取り組まれるようになった。領主が農民に新たに穀物を出させて、これを藩が管理・運用する方法では、年貢増徴と受けとめられかねないが、それとは異なり、米や雑穀を出し合った農民たちが自治的に運営していく、公共的な側面をもった制度であった。

一関藩の藩医であった建部清庵が1771年（明和8）に刊行した『民間備荒録』は、民間すなわち村人による自治的な社倉を説く書物として版を重ね、大きな影響を与えた。一般的に貯穀制度は、その貸付け利息や売却運用益で買い足していく方法など、リスクを伴う場合もある。貸し出していたことで空蔵状態となり、うまく機能しなかったケースもみられる。実際に後年の飢饉でどれほど役立ったものか、個別の検証作業が必要である。

海岸災害と防災林の造成

沿岸部は日常的に潮風や飛砂の被害を受けるだけでなく、およそ40年に1度の頻度で、人命や家屋・田畑・漁業施設に大きな被害がおよぶ高潮や高波に襲われた。さらに、1611年（慶長16）10月に東北地方太平洋沿岸域を襲った慶長

奥州地震津波以降、1677年（延宝5）には八戸沖地震、1741年（寛保元）には渡島大島噴火、1792年（寛政4）には西津軽沖地震、1793年（寛政5）には宮城沖地震、1856年（安政3）には八戸沖地震に伴う津波が襲来し、いずれも甚大な規模の被害を出している。

こうした海岸災害に対応したインフラ整備として、現在の堤防の前身といえる潮除・波除の土手や、潮除水門が設営され、破損と修復を繰り返しながら機能の強化がは

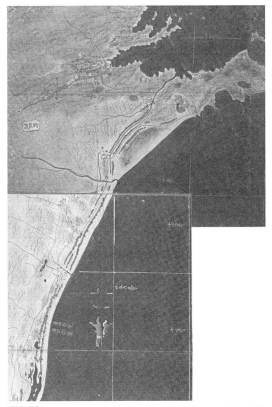

図41 仙台藩幕末の海岸絵図に描かれた海岸防災林（1853年「御分領中海岸図」仙台市博物館所蔵）

かられた。出羽国由利郡の海岸線（現秋田県にかほ市）には、18世紀後期、本荘藩から助成米の支給をうけて、自然石を積み上げ長大な波除石垣が築かれた。「万石堤」と呼ばれたこの石垣の遺構は国史跡に指定されている。

現在の保安林のルーツとなる海岸防災林の造成は、太平洋側の仙台藩・中村藩・磐城平藩では、17世紀半ばから政策的に推進された。この時期、農地開発は沖積平野の後背湿地まで進み、潮害防備を急務としたからである。仙台藩では、藩の直営でクロマツ苗が植栽されたほか、沿岸部に知行

地をもつ給人家臣が植林に取り組み、地元の村や個人で植林に着手したところもある。成林したクロマツの大半は藩有林とされたが、枯損木の植替えや日常の手入れは、地元の村に任されていた。

　防災林である海岸の松林を保護し管理することは、集落の暮らしの存続と表裏一体の関係にあった。住民が山守となって行う除伐や、下草の刈り取り、枯枝や枯葉の除去などは、松林の生育に適した環境を守るだけでなく、燃料や田畑の刈敷を確保するために必要な作業であったのである。手入れが行き届いた松林は、ショウロやキンタケ、ギンタケなどのキノコの恵みをもたらし、前海の漁場を潤す魚付林としても認識されている。

　日本海側の秋田藩・庄内藩では、植林は飛砂の防備を最大の目的として取り組まれた。米代川や雄物川・最上川などの河口部には、17世紀初頭、内陸から運ばれた土砂が、冬の季節風により、標高30〜50mにもおよぶ広大な砂丘を形成した。そのため能代湊や酒田湊では、17世紀後期には、人家や街道が飛砂で埋没する甚大な被害が生まれ、地元の有力商人などが、港の機能と町の暮らしを守るために砂留めの植林を開始した。植林は海浜の村々に波及してゆき、18世紀半ばには藩の政策に引き継がれるが、この間、地元の人々と藩役人により、広大な砂丘に樹木を根付かせるための試行錯誤が続けられていた。

　東北地方ではこのほか、冬の季節風に備えて屋敷地の周囲に樹林が整備され（居久根と呼ばれる）、山間部では渇水を防ぐために水源涵養林が保護されるなど、暮らしを守るための森林が各地で育成されている。

［参考文献］
菊池勇夫『近世の飢饉』（吉川弘文館、1997年）
徳川林政史研究所編『徳川の歴史再発見　森林の江戸学II』（東京堂出版、2015年）
菊池慶子『仙台藩領の海岸林と村の暮らし』（蕃山房、2016年）

06.

奥羽地域と「蝦夷島（現北海道）」

「蝦夷島」に成立した日本最北の藩・松前藩の性格

　江戸時代に日本列島に成立した大部分の「藩」は、農業、とりわけ稲作農業を主要な経済的基盤とし、手工業の一定の発展を前提として成立したため、米・味噌等の食料品をはじめ衣類や生産用具の一部も自給することができた。

　ところが「蝦夷島」に成立した松前藩は、「蝦夷島」が元々異民族であるアイヌ民族の居住地であったことに加え領内での米作が成り立たなかったため、津軽海峡以北のアイヌ民族との交易の独占権と渡島半島西南端に設置された「和人地」（「松前地」ともいう）内の港に出入りする商船・人物・商品に対する課税権を主な経済的基盤とした。そのため、松前藩は、当初から石高のない「無高」の藩という幕藩体制による国家制度（以下、幕藩制国家）のなかでは特異な藩として成立したのであった。その結果、成立当初から米・味噌・衣類等の日常生活必需物資から生産用具に至るまで、その大部分を本州社会に依存しなければならなかった。しかも、松前藩はその基本となる「領民」さえも本州社会に依存しなければならなかった。アイヌ民族は、松前藩の「領民」ではなく「異民族」で、「領民」は「和人」（本州から移住したいわゆる「日本人」）のみで、その大部分は、奥羽地域から移住した人々だった。

松前藩と米

　松前藩は、上記のような性格の藩だったため、成立当初から米を本州社会から移入しなけ

図42 和人地の範囲

ればならなかった。近世初期における松前藩の米の主たる移入先は、弘前藩領・秋田藩領及び酒田や新潟等の米の集散地であった。しかし、これらの地域が凶作や飢饉に襲われた時には必要米を調達することは困難であった。松前藩はこのような状況に遭遇した時には、幕府に米の払い下げを願い出た。松前藩が幕府に対して初めて羽州幕領米の払い下げを願い出たのは、1667年（寛文7）のことである。

　この年は、松前三湊（松前・江差・箱館）への入港商船が極端に少なかったため、松前藩の移入米が不足して、領民が飢饉に遭遇した。また、2年後の1669年（寛文9）には、近世最大のアイヌ民族の蜂起である「シャクシャインの戦い」が起きたために、1667年（寛文7）から1670年（寛文10）までの4年間、毎年3000石ずつ庄内藩の預り地となっていた大山（現鶴岡市大山）の幕府直轄地の年貢米を酒田港で払い下げてもらった。この払い下げ米は、当時松前藩領に流入していた米の約11％、藩主が必要とする領主蔵米の60％を占めていた。

　その後、松前藩は、青森・土崎・酒田等の港で必要米を調達していたが、1695年（元禄8）、奥羽地域が大凶作による飢饉に襲われたため、弘

前藩や秋田藩は米の移出を禁止した。そのため松前藩は、翌1696年（元禄9）以降、酒田港で毎年年貢米の払い下げを受けた。その後、松前氏は1807年（文化4）から1821年（文政4）まで、陸奥国伊達郡梁川（現福島県伊達市梁川）へ移封されたので、この間は幕府直轄地の年貢米の払い下げを受けなかったが、1821年に「蝦夷島」に復領すると、以後1854年（安政元）まで、再度毎年2160石ずつ払い下げを受けた。

　では、なぜ幕府は松前藩にこうした援助をしていたのか。その最大の理由は、幕藩制国家の「四つの口」を介した対外関係のあり方に規定されていた。すなわち、①「長崎口（幕府直轄地）」を介したオランダ商船・中国商船との関係（明朝・清朝との外交関係は無し）、②「対馬口（宗氏）」を介した「朝鮮国王（異国）」との関係、③「薩摩口（島津氏）」を介した「琉球国王」（幕府は、島津氏の琉球侵略と琉球支配を認めながらも、他方で琉球国王に中国との冊封関係の維持を許し、「異国」として位置づけた）との関係、④「松前口（松前氏）」を介した「蝦夷地（異域・アイヌ民族）」との関係を軸とした関係のあり方である。これはあたかも幕府がこれらの異国・異域の異民族を支配しているがごとき関係であり、こうした関係のあり方は、中国の明朝・清朝の中華思想に基づいた対外関係のあり方を模倣したものであるため、「日本型華夷秩序」という。幕府が松前藩に米の融通をしていたのは、「松前口」がこうした幕藩制国家の対外関係のあり方のなかで重要な役割を果たしていたからであった。

「松前藩」の後方支援を担わされた奥羽の有力諸藩

　この「松前口」の機能を補完する役割を果たしていたのが、奥羽の諸藩であった。まず、「蝦夷島」のアイヌ民族との関わりでは、1669年（寛文9）の近世最大のアイヌ民族の蜂起であるシャクシャインの戦いの際、弘前藩がいち早く藩兵を派遣して情報を収集した。次いで1789年（寛政元）のクナシリ・メナシの戦いの時には、幕府が弘前藩・盛岡藩・八戸藩に対し、松前氏の依

頼があり次第藩兵を派遣するように命じた。

　さらに、ロシアやイギリス船の「松前・蝦夷地」への接近という新たな事態が発生すると、弘前・盛岡の２藩がいち早く松前出兵を命じられた。すなわち、1792年（寛政4）ロシアの遣日使節アダム・ラクスマンが日本との通商を求めて"エカテリーナ号"でアリューシャン列島への漂流民伊勢国白子（三重県鈴鹿市白子）の船頭・大黒屋光太夫らを伴って「東蝦夷地」のネモロ（根室）に来航し、翌年松前で幕府の宣諭使がラクスマン一行を応接した際、幕府は、弘前・盛岡の２藩に松前表への派兵を命じたのをはじめ、1796年（寛政8）イギリスの観測船"プロビデンス号"が「東蝦夷地」のエトモ（室蘭）沖や津軽海峡にも姿を現すに至る。そして、翌年11月、幕府の命を受けた弘前藩は箱館に藩兵を派遣した。

　次いで、1799年（寛政10）幕府が「東蝦夷地」を仮上知するや、弘前藩と盛岡藩に「蝦夷地」警備を命じた。また、1804年（文化元）8月、幕府は弘前・盛岡の２藩に永久勤番を命じるとともに、翌1805年（文化2）5月、弘前藩主津軽寧親の石高（表高）を従来の４万6000石から7万石に格上げし、次いで1808年（文化5）には10万石に格上げするとともに、同年12月盛岡藩主南部利敬の石高（表高）を従来の10万石から20万石に格上げした。ともに旧領域のままでの格上げであった。これは両藩にとって以後大きな負担となった。「表高」とは、「御朱印高」ともいい、幕府が公認した大名・旗本の所領高のことで、大名・旗本が幕府に対して負担する軍役・国役などの課役基準となった。これに対し、実際の高を内高・実高という。弘前藩・盛岡藩共に石高制の社会にあっては、形式的には幕藩制社会の中での格付けは上がったものの、その分だけ幕府・他大名との付き合いに伴う進物等の負担も増加したため、両藩にとっては有り難いことではなかった。

　また、1804年、ロシアの遣日使節レザノフが海軍大将クルーゼンシュテルンの率いる世界周航の探検隊とともに、"ナジェージダ号"に搭乗

し、仙台藩領の漂流民津太夫ら4人を伴い長崎に来航し、先年ラクスマンが松前で幕府の役人から受け取った長崎入港許可証をもとに幕府に通商を求めた。ところが幕府は、返答を遅らせたうえ、翌年3月、通商要求を拒否したため、レザノフはやむなく長崎を去って帰国した。

　その後、1806年（文化3）9月、レザノフの部下、フヴォストフの率いるフリゲート艦がカラフト島アニワ湾内のオフイトマリ（現コルサコフープリゴロドノイエ）に至り、同地に上陸してアイヌの子供1人を連行した。次いで、同地に隣接したクシュンコタン（現コルサコフ）に至り同地の運上屋・倉庫等を焼いて退去した。この事件は、幕府に大きな衝撃を与えた。そのため幕府は、翌1807年（文化4）3月、それまで松前藩の支配下にあった「松前地」と「西蝦夷地」一円を松前氏から召し上げ、「松前・蝦夷地」全域を幕府の直轄領とし、同年7月、松前氏を陸奥国伊達郡梁川に移封すると共に、同年10月従来の箱館奉行が旧松前藩の城であった松前の福山館に移り、職名を松前奉行と改称した。以後、「松前・蝦夷地」全域は、この松前奉行の支配するところとなった。

　ところが1807年4月、先にカラフト島を襲撃したフヴォストフ等がエトロフ島を襲撃するという事件が起きたため、同年5月、幕府は、盛岡・弘前の両藩に「松前・蝦夷地」への増兵を促すと共に、秋田藩・庄内藩にも同地への出兵を命じた。また、1809年（文化6）6月、幕府は従来の「カラフト（唐太）島」の呼称を「北蝦夷地」と改称し、以後この呼称は幕末まで続いた。ところが、こうした奥羽諸藩の「松前・蝦夷地」警備も1821年（文政4）松前氏の「蝦夷島」への復領に伴い中止された。

幕府の「蝦夷地」再直轄と奥羽4藩の「松前・蝦夷地」警備

　ところが幕末の1854年（安政元）3月3日調印の「日米和親条約」、続いて同年中に調印された「日英」・「日蘭」・「日露」の各和親条約により翌1855年（安政2）3月、松前藩領であった箱館港が「開港」することになった。また、「日

露和親条約」で日ロ両国の国境がクリル諸島のエトロフ島以南が日本領、ウルップ島以北がロシア領と決定したものの、それまで日本側が一方的に「北蝦夷地」と称してきた「カラフト島」については、国境を決めることができなかったことなどから、幕府は、1854年（安政元）6月、松前藩より箱館と同所より5〜6里四方の地域（各和親条約締結国民の「遊歩地域」とされた地域の範囲）を上知したうえで、箱館奉行を再置した。次いで1855年2月、渡島半島南端の木古内村以東、乙部村以北の「松前地」と「蝦夷地」全域を幕府直轄領としたうえで、これらの地域を箱館奉行に預け、同年3月、松前藩と奥羽の諸藩に「松前・蝦夷地」警備を命じた。奥羽の諸藩は、この期に再び「松前・蝦夷地」警備の任務を負わされたのである（表1参照）。

　表1から分かるように、松前藩以外の弘前・盛岡・秋田・仙台の奥羽4藩のなかでも仙台藩と秋田藩が最も広大な地域を警備地とされた。これら奥羽4藩の石高（表高）が、弘前藩が10万石、盛岡藩が20万石、秋田藩が20万5800石、仙台藩が62万石余であったことを考慮すると、石高と警備地域の面積との関係では、秋田藩の石高が仙台藩の石高の約3分の1の石高に過ぎないのに、仙台藩とほぼ類似した広大な地域を警備地とされた点に大きな特徴がみられた。そのため、同年11月、時の秋田藩主佐

表1 松前藩及び奥羽4藩の松前・蝦夷地の警備地域

藩名	元陣屋の所在地	警備地域
松前藩	松前地の有川村	松前地の木古内村〜七重浜
弘前藩	箱館村千代ヶ台	箱館表〜恵山岬及び松前地の乙部村〜西蝦夷地の神威岬
盛岡藩	箱館山麓	箱館表〜東蝦夷地のホロベツ
秋田藩	西蝦夷地のマシケ	西蝦夷地の神威岬〜シレトコ岬・北蝦夷地
仙台藩	東蝦夷地のシラヲイ	東蝦夷地シラヲイ〜シレトコ岬クナシリ島・エトロフ島

『幕末外国関係文書』（東京大学史料編纂所刊）による。

竹義睦が老中に対し「蝦夷地警衛用捨」願いを提出した。その要旨は、自領内の海岸防備に加え、「西蝦夷地」と「北蝦夷地」の500余里に至る海岸警備を行うのは困難につき、「蝦夷地警衛」の用捨と当面箱館表と「松前地」の警護だけにしてもらいたいというものであった。しかし、時の老中阿部正弘は、翌年2月秋田藩主佐竹義睦に返書を送り、「松前・箱館表援兵」のみを免除したに過ぎなかった。また、同年12月、仙台藩主伊達慶邦が老中に対し、「蝦夷地」の警備を命じられた地域をすべて仙台藩の「預地」にしてくれることを記した内願書を提出した。これに対し、阿部正弘は翌年2月、「東地一円持場名目」の件と「箱館表援兵」の件のみを用捨し、他は許可しない旨を返事した。

　ともあれ、奥羽4藩への「蝦夷地警備」命令は、4藩に大きな財政的負担となって跳ね返っていった。警備に必要とする諸経費は、そのすべてが警備を命じられた各藩の負担となったからである。しかも、「蝦夷地」は、奥羽よりはるかに寒い地域であり、冬季には氷点下30度以下になる地域も多かった。そのため、「蝦夷地警備」を命じられた奥羽4藩、とりわけ広大な「蝦夷地」の警備を命じられた秋田・仙台の両藩は多くの家臣たちの命が奪われただけに、その損害は計り知れないものであった。奥羽4藩による「松前・蝦夷地」の警備体制にはこうした問題が内在していたために、幕府は新たな「松前・蝦夷地」の警備方法を採用する必要に迫られた。

奥羽6藩への「蝦夷地」の分領と新たな「蝦夷地」警備体制

　1859年（安政6）、幕府はそれまでの「蝦夷地」警備政策を改め、先の4藩の他庄内・会津の2藩の計6藩に新たに「松前・蝦夷地」警備を命じるとともに「蝦夷地」内に「領地」を与えた（表2参照）。

　表2で、留意しておきたいのが「蝦夷地」内に与えられた「領地」の性格である。「領地」といえば、普通は各藩に与えられた各藩の支配領域と

表2 奥羽6藩の松前・蝦夷地の領地と警備地域（安政6年）

藩名	領地	警備地域
弘前藩	西蝦夷地のスツツ領～セタナイ領	松前地の乙部村～西蝦夷地のセタナイ領
盛岡藩	東蝦夷地のエトモ領～ホロベツ領 オシャマンベ～ユウラップ領	東蝦夷地のモロラン領～オシャマンベ領～オシャマンベ境、ユウラップ～ヤマクシナイ領
秋田編	西蝦夷地のマシケ領とソウヤ領～モンベツ境及びリシリ・レブンシリ	西蝦夷地のバッカイ～ノッシャム岬
庄内藩	西蝦夷地のハママシケ領～テシホ及びテウレ・ヤンゲシリ	西蝦夷地のオタスツ領～アツタ領
仙台藩	東蝦夷地のシラヲイ領・トカチ領・アッケシ領～ネモロ領の内ニシベツ境クナシリ島・エトロフ島のシャナ以外の地	東蝦夷地のユウフツ領～ホロイズミ領、クスリ領・エトロフ島のシャナ
会津藩	東蝦夷地のネモロ領ニシベツ～西蝦夷地のアバシリ境・同境～モンベツ領	西蝦夷地のアバシリ領

『幕末外国関係文書』（東京大学史料編纂所刊）による。

いうことになるが、「蝦夷地」内に分与された各藩の「領地」には農業生産を支える「百姓」それ自体は存在しない。各藩の「領地」内で生産に従事したのは、分与された「領地」内に出稼ぎ漁民が多かった庄内藩以外は事実上下級藩士たちであった。では、「領地」内に居住していたアイヌ民族はどのような立場だったのか。この点との関わりで重要なことは、幕藩制国家によるアイヌ民族の位置づけは、この時期に至っても、「蝦夷地」という「異域」に居住する異民族であって、各藩の本来的な「領民」そのものではなかったということである。したがって、各藩ともに「蝦夷地」内に設定された各「領地」に居住するアイヌ民族から「年貢」等の税金を徴収することはできなかった。では、各藩は「蝦夷地」内に分与された「領地」からどのような収益を得ていたのか。当時の幕府の「蝦夷地」に対する経済政策の基本は、場所請負制による商人による漁業生産と小漁民による漁業生産を基本としながら、「松前・蝦夷地」での移住和人農民に

表3 奥羽6藩の蝦夷地内の領地から得られる場所請負人の運上金他

藩名	場所請負人の運上金	別段上納金	合計
弘前藩	292両	167両永100文	459両永100文
盛岡藩	67両2分	14両3分永50文	82両1分永50文他
秋田藩	2,325両1分永150文	728両3分永126文	3,054両1分永25文
庄内藩	1,839両	287両1分	2,126両1分
仙台藩	2,325両	532両3分永50文	2,967両3分永50文
会津藩	2,500両	370両	2,870両

「別段上納金」は、場所請負人が漁業経営で得た利益の一部を上納した「運上金」の他に「場所」の非常備金として上納した金額のこと。
『幕末外国関係文書』（東京大学史料編纂所刊）による。

図43 安政6年における奥羽6藩に分与された各藩の領地と警備地域
会津若松藩＝会津藩、鶴岡藩＝庄内藩、久保田藩＝秋田藩
（『仙台市史　通史編5・近世3』2004年）

よる農業をはじめとする各産業の開発事業にあった。なかでも大きな役割を果たしていたのが「場所請負制」であった。そのため、各藩の基本的な経済収益は、各「領地」内の「場所」の漁業経営を請け負っていた各場所請負人が上納した運上金と別段上納金であった。

　ちなみに1859年（安政6）、幕府が奥羽6藩の藩主に「蝦夷地」内に分与した「領地」から得られる「場所請負人」の運上金と別段上納金は表3の通りである。

　こうして幕府は、1859年以降、奥羽の6藩に「蝦夷地」を分与することによって、奥羽6藩による「蝦夷地」の警備体制を維持しようとしたが、それからわずか8年にして徳川幕府が崩壊するに至り、奥羽の有力諸藩による松前藩の後方支援策も終焉した。

　[参考文献]
荒野泰典『近世日本と東アジア』（東京大学出版会、1988年）
北海道・東北史研究会編『北からの日本史　第2集』（三省堂、1990年）
菊池勇夫『北方史の中の近世日本』（校倉書房、1991年）
浪川健治『近世日本と北方世界』（三省堂、1992年）
北海道・東北史研究会編『海峡をつなぐ日本史』（三省堂、1993年）
榎森進『増補改訂：北海道近世史の研究』（北海道出版企画センター、1997年）
浪川健治『近世北奥社会と民衆』（吉川弘文館、2005年）
榎森進『アイヌ民族の歴史』（草風館、2007年）
菊池勇夫『近世北日本の生活世界─北に向かう人々─』（清文堂出版、2016年）
荒野泰典『近世日本の国際関係と言説』（渓水社、2017年）

07.

松前交易における
日本海海運の発展過程

初期海運の性格

　　近世初頭において、領国内市場以外の大きな米穀市場は、京都・伏見・堺・大坂などの畿内の諸都市であった。そのため、中国・四国・九州の諸藩は、瀬戸内海を経由してこれらの諸都市と結びついていた。17世紀前半には、大坂がこうした西日本諸藩の年貢米市場として発展した。水運や商取引に都合の良い堂島界隈に蔵屋敷が建ち並び、米販売を専門とする役人が置かれるようになった。一方、北国筋の諸藩の場合は、越前の敦賀や若狭の小浜を結ぶ海運を利用し、そこから琵琶湖を経由して上記の諸都市へ年貢米を輸送した。その道筋は、敦賀からの荷物は、琵琶湖北岸の塩津（滋賀県長浜市塩津）・海津（同高島市マキノ町海津）または大浦（同長浜市西浅井町大浦）へ、小浜からの荷物は今津（同高島市今津町今津）に運ばれたが、その間は何れも馬背で駄送し、しかもこれらの港から大津まで湖上水運を利用しなければならなかったので、このルートは多額の経費を要した。

　しかし、敦賀・小浜の両港は、近世以前から畿内への輸送ルートとして重要な役割を果たしていたため、織豊政権期から近世初期にかけての時期に、中世から資力を蓄えていた問屋商人兼廻船業者という富裕な商人、つまり商業・保管・輸送の諸機能を一手に兼ね備えた商人が成長してきた。こうした性格の商人を初期豪商という。そして、近世初期における北国海運において、これら2港の初期豪商が主導権を掌握し、奥羽・北陸諸藩の形成に大きな役割を果たすとともに、「蝦夷島」の松前藩の形成にも大き

な役割を果たした。例えば、藩主の上洛も松前―敦賀の海運が利用された
のをはじめ、幕府への献上鷹も敦賀経由で送られ、藩権力の形成過程で重
要な役割を果たした武器・弾薬の整備も敦賀の船持商人越後屋兵太郎を介
して行われていた。主要移出品の販路も、近世初期には奥羽諸藩が商品市
場としては未熟な段階にあったことから、主要な市場は上方市場となり、
しかも米・味噌以外の手工業製品も主に上方市場に依存していた。

　こうして、松前藩を結ぶ初期海運は、主に敦賀・小浜を中心とする海運
として展開していったが、1624〜43年（寛永期）以降、数多くの近江
商人が松前に進出し、流通機構を独占していった。その主たる商人は、
1602年（慶長7）津軽鰺ヶ沢に進出し、1610年（慶長15）松前に出店
を設けた田付新助（近江柳川〈彦根市柳川町〉出身）などの活躍を前史とし
て、寛永期以降に琵琶湖畔の薩摩（彦根市薩摩町）・柳川・八幡出身の近江
商人が数多く松前に渡った。松前に開店した当時は、彼らの店を一般に
「近江店」と称し、また、彼らは「両浜組」というギルド組織を作った。
1661〜72年（寛文期）頃までには、松前市中をはじめ「蝦夷地」内に
宛がわれた各家臣の知行地である「商場」（「場所」とも称す）経営（本
来は当該「商場」内のアイヌ民族との交易）に関わる仕入れ物も悉く彼らの
「近江店」で行い、他国からの仕入れはなかったといわれるほど確固たる
経済的基盤を確立するに至った。

　このように、近江商人が特権的地位を確立することができた最大の要因
は、松前藩の再生産構造の特殊性と近江商人の性格及び彼らの交易形態に
あった。すなわち、上方市場との直結という点では船持ち商人と同じ条件
にあったものの、それまでの船持ち商人との交易形態は、集荷地である松
前三湊（松前・江差・箱館）での商取引に過ぎず、松前藩側からみれば受
動的な形態であったのに対し、近江商人の場合は、運送業と商業を兼ね、
松前や江差に支店を設け、かつ諸商品の売買・仕込みを通じて実質的に集
荷過程にまで商権が侵入し、更に「両浜組」として共同行動をしていた

ため、より安定した交易形態となった。こうしたことから、上方市場との恒常的な、しかも安定した交易を必要とする松前藩にとって、近江商人の活動が極めて有利なものとして機能したのである。そのため、藩権力との結合もしやすく、こうした藩権力との結合が近江商人の特権的地位をより強化し、彼らは急速に流通独占権を掌握するに至った。

　寛文期以降、近江商人団の活躍はいっそう盛んになり、1688〜1735年（元禄・享保期）には、鰊・鮭・米・長崎俵物（にしん）（たわらもの）などを軸とした商品流通の著しい発展によって、日本海海運は活況を呈した。特に、この時期に「松前・蝦夷地」産鰊の移出が急速に増大していったが、その主要な要因は、畿内先進地帯における綿等の商品作物生産の展開を前提として、従来の房総産（ぼうそう）の干鰯（ほしか）に代わって「松前・蝦夷地」産の鰊（にしん）肥料の需要が急増してきたことがあげられる。その販売ルートは、敦賀―海津―大津の琵琶湖コースで販売されるものが多く、すでに西廻り航路が開発されていたとはいえ、1726〜35年（享保期）にはいまだ大津―伏見経由で大坂肥物問（こやしもの）屋へ積み送られていた。ただ鰊については、当初直ちに畿内の商業的作物に結びつくというよりは、多くは近江での需要に供給されていたと推察される。ともあれ、当時の松前交易を近江商人が掌握していた点で、その流通経路は敦賀・小浜中心の海運に依存していたのである。

　また松前藩でも、このような商品市場の拡大に刺激されて、享保期頃から「商場」経営のあり方がアイヌ民族との交易を主にしたものから商人による漁業経営を主にしたものへと変化し、かつ商人による請負経営へと変化していった。換言すれば、「商場」がアイヌ民族との「交易の場」から「漁業経営の場」へと変質していったのである。それに伴い「商場」という呼称もアイヌ民族と「商いをする場」としての「商場」から「漁業経営の場」としての「場所」へと変化するに至った。このように変容した「商場」経営の制度的成立を「場所請負制」（ばしょうけおいせい）という。この場所請負制の成立を背景にして、鰊や鮭の買付と「松前・蝦夷地」への米の販売に専ら従事し

ていたのが近江商人であった。

荷所船の活躍

　ところで、この期の松前三湊と上方を結ぶ廻船の廻漕形態はどのようなものであったのか。近江商人団の勢力が量質ともに最も強力な時期であったために、廻船の多くが近江商人団の荷物を取り扱ったから、彼らの廻船による廻漕形態に大きく左右された。近江商人団の荷物は、主に手船（自己の所有船）と雇用船によって廻漕されたが、手船は財力のある特定の有力な商人の場合だけに限られていたので、多くは共同で雇用する廻船を利用した。この廻船を荷所船という。つまり、荷所船とは敦賀を拠点に廻漕される近江商人の荷物（これを荷所荷という）を運送する船で、しかも廻漕方法が近江商人団が共同で雇用する運賃船（賃積船）で、多くは加賀の橋立・越前の河野浦・敦賀などの廻船であり船頭であった。彼らは敦賀で荷所船仲間を結成し、荷主である近江商人との間で次のような取り決めをしていた。

(1)　荷所船に雇用される期間は、原則として近江商人の荷物だけを取扱い、それ以外の積荷は禁止する。

(2)　調達する船数や廻漕方法なども、荷主よりの指示に従う。

(3)　運賃は普通前払い方法で、1番船・2番船とも、廻漕前の冬・春に支払う。

　このように、荷所船は、近江商人団に従属した廻船であった。こうした性格の荷所船なるものが、何時頃から活躍しはじめたのか、詳細は不明だが、「寛文拾年狄蜂起集書」にはその名がみえ、元禄〜享保期に至って飛躍的な発展をとげるに至った。このように寛文期以降、特に元禄・享保期を画期とした商品流通の飛躍的な発展によって、松前三湊と敦賀を結ぶ日本海海運は著しく発展し、一部下関経由で大坂に向かう西廻り海運（近江商人の記録では、当時こうした海運を「大回り海運」と記している）も利用されだすが、近江商人が流通独占権を握っていたため、相対的には敦賀中

図44 「北国船」の船絵馬の写真（石井謙治『図説和船史話』1983年）

心の海運として発展した。そのため、一般的には寛文期以降、西廻り海運の発展によって敦賀への奥羽・北陸諸藩の年貢米の廻米量が相対的に減少するなかで、松前物の入津（にゅうしん）は逆に増加するという結果をもたらした。

　なお、荷所船の船型は、その多くは、北陸地方や日本海沿岸部の在来船かその変形船で、なかでも近世初期以来活躍していたのが北国船（ほっこくぶね）や羽賀瀬船（はがせぶね）などであった。両船とも櫓（ろ）・帆（ほ）兼用船であったため、後述の帆走（はんそう）専用の弁財船（べざいせん）（船型呼称）を使用した北前船（きたまえぶね）より5割程度多い水主（かこ）（水夫（すいふ））を必要とした。

北前船の台頭と発展　しかし、1751〜88年（宝暦・天明期）を画期に近江商人の勢力が急速に後退していった。その主な原因として、第1に、近江商人以外の商人の台頭によって、流通機構に大きな変化が生じてきたこと、第2に「松前地」内の江差を中心とする西部地域での鰊が不漁により、「奥蝦夷地」の鰊漁場が開発されていったことが挙げられる。第1の近江商人以外の商人で代表的な商人が、能（の）

登国（石川県）出身の村山傳兵衛、飛驒国（岐阜県）出身の飛驒屋久兵衛などである。これらの商人は、松前へ進出後、いち早く松前藩権力と結びついて「蝦夷地」内の各場所のなかでも奥地の大場所を請け負い、移出入品も近江商人の手を経ないで独自のルートを通じて行い、さらに問屋商人の成長により一般漁民への仕込みにも関与するようになった。そのため当然産物の集荷機構における近江商人の独占体制が動揺し、西廻り海運による新たな流通機構が確立していったのである。この西廻り海運の発達との関わりで注目しておきたいことは、この航路の発達により「松前・蝦夷地」産の海産物、とりわけ鮭の出荷形態が、かつての干鮭（内臓を去り、干した鮭）から塩蔵品に変化していったことである。その主因は、瀬戸内の塩田産の塩、特に竹原（広島県竹原市）産の塩が大量に「松前・蝦夷地」にもたらされたことにあった。

　ともあれ、以上のような流通機構の変化は、当然海運のあり方、輸送方法にも大きな影響を及ぼした。その最も大きな変化は、これまでの荷所船（運賃船）が後退し、代わって買積船が台頭してきたことである。近江商人の雇用船という立場から独立して、むしろ大坂の問屋商人と直接結びつくようになり、そうでなければ、従来からの近江商人との雇用関係を保持しながらも、単なる運賃船（賃積船）としての荷所船から買積船に成長転化しはじめた。これらの買積船の成立が北前船の台頭であった。また、運賃船から買積船へ転化した要因として、従来の北国船や羽賀瀬船が櫓・帆兼用船であったために、櫓を漕ぐための多くの船乗りを必要としたのに対し、帆走専用の弁財船を使用した北前船は櫓を漕ぐ船乗りを必要としなかったために、櫓・帆兼用の運賃船より人件費を節約することができたことである。

　こうした動向のなかで、買積船として松前交易に従事した北陸地方の船持衆は、北前船主としての仲間を結成した。特に北前船は、船主であると同時に荷主でもあり、その船頭は単なる輸送責任者にとどまらず、積荷の

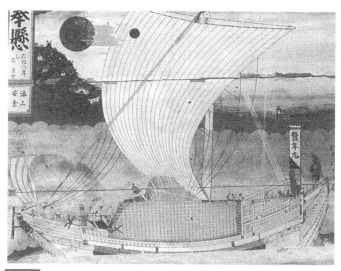

図45 北前船の船絵馬写真（石井謙治『図説和船史話』1983年）

売買に関しても全責任を船主から委嘱されていた。また、北前船の船頭の多くは、船主兼船頭という性格の船頭であった。こうした船頭を「直乗船頭」という。このような廻船活動の活発化のなかで、「蝦夷地」の開発が急速に進んだ近世後期には、「松前・蝦夷地」と大坂を結ぶ商品流通が発展しただけでなく、太平洋海運を主にした東廻り海運によって石巻・仙台や江戸にも輸送されるようになった。こうした性格を有する北前船が輸送する商品は、主な上り荷は、米・〆粕・昆布・鰊・鮭（生鮭・塩鮭）などであり、主な下り荷は、木綿・衣類・古着・塩・米・砂糖・酒・紙などであった。その稼働状況は、一般に年間に大坂—松前・江差・箱館を1往復したが、中には2往復する場合もあり、収益は一般的には下り荷よりは上り荷の「松前・蝦夷地」産の海産物の方が大きかった。これらの船頭・水主達の船乗りは、菱垣廻船や樽廻船などの運賃船（賃積船）の船員とは異なっていた。買積み方式を主とする北前船は、船頭が同時に荷主でもあったから、積荷の売買については船頭がその全責任を負っていた。やがて船頭あがりの船主も輩出して、近世後期から明治前期に本州を縦断する鉄

道、特に東京―青森間の東北本線と福島―青森間の奥羽本線が開通する明治20年代までこうした海運が繁栄した。

[参考文献]
福井県立図書館・福井県郷土誌懇談会共編『日本海海運史の研究』（福井県郷土誌懇談会、1967年）
柚木学『近世海運史の研究』（法政大学出版局、1979年）
石井謙治『図説和船史話』（至誠堂、1983年）
榎森進『増補改訂：北海道近世史の研究』（北海道出版企画センター、1997年）

08.

戊辰戦争と東北

●●●●●●●●●●●

倒幕と戊辰内乱　　ペリー来航以後、幕末の政局は、朝廷と幕府が連携し、そこに雄藩が参画する公武合体を軸に動いた。東北地方の藩では、会津藩主松平容保が京都守護職としてその一翼を担っていた。一方、幕府の廃止をめざす倒幕運動が長州藩や薩摩藩を中心に高揚し、薩摩・長州・安芸3藩の出兵同盟などによって、武力倒幕が現実化していく。

　1867年（慶応3）10月14日、権力の温存をはかる将軍徳川慶喜は、先手をうって大政奉還を上奏する。この事態に公家の岩倉具視と薩摩藩などは、12月9日、武力を背景にクーデターを決行し、王政復古の大号令を発して、天皇を中心とする維新政府を樹立した。

　翌1868年（慶応4）1月3日、京都に向かった旧幕府軍に薩摩軍が発砲したことをきっかけに、鳥羽・伏見の戦いが勃発する。翌年5月の五稜郭の戦いの終結まで続く、戊辰戦争の始まりである。

　鳥羽・伏見の戦いで旧幕府軍は敗退し、1868年1月7日に慶喜追討が発令されると、薩長中心の新政府軍は「官軍」、旧幕府軍は「朝敵」の「賊軍」とされた。慶喜は上野寛永寺に謹慎し、絶対恭順の意思を表した。同じく追討の対象となった松平容保は、会津に帰国し武備恭順の構えをとることになる。庄内藩は当初、「朝敵」とされていなかったが、前年12月に江戸の薩摩藩邸を焼打ちしたことに対する報復から、やがて征討令が下されることになる。

3月15日が江戸城総攻撃の日とされたが、旧幕府陸軍総裁勝海舟と新政府参謀西郷隆盛の交渉が成立し、4月11日、江戸城は無血開城された。

　江戸開城により新政府の政治的勝利が明白となったが、むしろそれからが戦闘としては激しさを増していった。旧幕府軍の脱走兵が関東各地で抗戦したからである。江戸では、上野に屯集した彰義隊が5月15日、新政府軍の攻撃をうけ、壊滅した。榎本武揚が率いる旧幕府艦隊は、主要艦船を新政府に引き渡さず、脱走して蝦夷地へと向かった。

奥羽鎮撫使の派遣

東北諸藩は、新政府の征討政策の開始からまもなく、出兵を命じられた。仙台藩には、1868年（慶応4）1月17日、会津藩征討が発令され、つづいて米沢・秋田・盛岡の諸藩も、その応援の指令を受けた。たが、いずれも状況の見極めに慎重で、動員に応じない姿勢を保ち続けていた。

　2月9日、有栖川宮熾仁親王を大総督とする東征軍が組織され、東北鎮圧のための奥羽鎮撫使の派遣を決定する。総督九条道孝、副総督沢為量、参謀醍醐忠敬の奥羽鎮撫総督一行は、薩摩・長州・福岡の藩兵を率いて3月23日、仙台城下に入り、藩校養賢堂に駐屯した。

　鎮撫総督は3月29日、仙台・米沢両藩に会津藩征討を、翌30日仙台・天童両藩に庄内藩征討を、その後秋田藩・新庄藩にも庄内藩征討を命じた。こうした鎮撫使の動きに対して会津藩と庄内藩は4月10日、同盟を結んで対抗した。副総督の沢は薩長兵を率いて4月23日新庄に入り、翌24日庄内藩を攻撃するが敗北してしまう。仙台藩はやむをえず会津藩境を攻め、秋田藩も庄内藩境まで出兵するが、後述のように、会津藩に謝罪・降伏を説得する動きのなかで、解兵して撤退した。

奥羽越列藩同盟の成立

新政府の武力による征討政策に対して、東北諸藩は、藩論が割れながらも、戦争阻止に向け

て連携を図ろうとしていた。はやくは、仙台藩主伊達慶邦が、2月11日付けで朝廷への建白書を作成し、このなかで、慶喜や会津藩の譴責について、あらためて諸藩の論議を尽くし、「無偏無党の公論」によって平和的に解決すべきであると主張した。この旨を2月15日、米沢・盛岡・秋田など、10万石以上の東北大名に伝え、同心協力を要請している。たが、建白書

● 奥羽越列藩同盟に加盟した藩
○ 〃 から離脱した藩
▲ 会庄同盟

五稜郭の戦い
1869年5月

会津戦争
1868年8月〜9月

鳥羽・伏見の戦い
1868年正月

江戸開城
1868年4月
上野戦争
1868年5月

箱館
松前
八戸
弘前
秋田
盛岡
亀田
本荘
矢島
一関
庄内
新庄
天童
山形
上山
仙台
村上
新発田
黒川
中村
米沢
福島
下手渡
三根山
村松
会津
三春
守山
長岡
平
二本松
湯長谷
白河
棚倉
泉
江戸
京都

図46 戊辰戦争の経過と奥羽越列藩同盟

は一部の藩士らの判断により提出が見送られた。

　仙台・米沢両藩は、それぞれ会津藩と直接交渉も開始し、その後協議により、謝罪・降伏の条件をまとめ、会津藩の説得にあたった。その結果閏4月1日、会津藩の謝罪嘆願の使者が七ヶ宿街道の関駅（宮城県七ヶ宿町）に派遣され、両藩と会談が催された。

　これを受けて仙台・米沢両藩は、東北諸藩に呼びかけ、閏4月11日、仙台領の白石（宮城県白石市）に仙台・米沢・上山・山形・矢島・亀田・盛岡・一関・福島・二本松・中村・守山・三春・棚倉の14藩の重臣が集

い、会津藩の降伏謝罪の件を協議した。いわゆる白石会議である。「列藩衆議」のもとに、会津藩への寛大な処分を嘆願する仙台・米沢両藩主の上申書と、諸藩重臣の連署による副申書が作成され、翌12日、仙台・米沢両藩主がこれを九条総督に提出した。

　嘆願書が総督府下参謀世良修蔵の反対により却下されると、仙台・米沢両藩は、京都の太政官に上申するほかないとして、総督に会津征討軍の解兵を届け出た。さらに同20日、仙台藩士が世良修蔵を暗殺した。

　閏4月22日に白石で開かれた列藩会議では、参加藩の盟約書を審議し、5月3日には仙台に移り太政官宛の嘆願書を作成するとともに、白石盟約書に修正を加えた。同盟の守るべき規律を定めた仙台盟約書では、白石盟約書の段階で記されていた「大国の号令」など、仙台藩の大藩主義は抑えられ、同盟藩の会議や公平の原則を重視する対等な同盟関係に進んでいった。閏4月11日に参会した14藩に秋田藩など、あらたに11藩が加わり、25藩がこの修正盟約書に署名をして、奥羽列藩同盟が成立する。同盟はその後、北陸諸藩に参加を促し、5月6日までに長岡藩など6藩の加入があって、31藩が結集する奥羽越列藩同盟となった。

　列藩同盟の成立は、東北・北陸の立場の異なる諸藩が一体となり、停戦を求める政治運動を起こしたことに画期的な意義を見出せる。5月末には同盟諸藩の委任のもとに、米沢・仙台・庄内・会津の4藩で新潟に会議所を設け、開港が決まった新潟の共同支配を開始した。

同盟の亀裂

　閏4月27日、仙台藩は、東北巡撫ののち京都に戻るという九条総督の意向を信用し、総督の秋田転陣を承諾する。だが、5月18日に仙台領を離れた総督は、盛岡（岩手県盛岡市）を経由して7月1日秋田藩城下久保田（秋田県秋田市）に到着後、京都には帰らず、秋田藩にあらためて庄内征討の実行を命じた。勤王派の多い秋田藩は、重臣会議の末、同4日、久保田に来ていた仙

台藩の使者を暗殺して同盟を離脱し、翌日、庄内藩に兵を繰り出し、新政府軍に加わった。

　総督を手放してしまった列藩同盟は、上野戦争から逃れてきた寛永寺門主、輪王寺宮公現法親王を新たな権威としてかつぎ、盟主の法親王を頂点に、総督（仙台藩主伊達慶邦と米沢藩主上杉斉憲）、参謀などの組織を固め、合議機関を「公議府」と改称し、ついで戦地に近い福島に「軍務局」を置き、東北政権への歩みとなる体制強化をはかった。

　プロイセン領事やアメリカ公使などに向けて、同盟の自立性と貿易を行う用意があることを伝えるなど、対外交渉も進めていた。だが、公義府が成立した頃には、秋田藩につづいて弘前藩も新政府軍に転じるなど、同盟は亀裂に向かい、戦局は新政府の優位に動いていた。

戦火にまみれる東北

東北の入り口にあたる白河口では、5月1日に白河城が新政府軍に奪還され、その後も新政府軍と会津軍や仙台藩・二本松藩・棚倉藩などの同盟軍との間で激しい戦いが続き、6月24日に棚倉城が陥落した。6月半ば平潟（茨城県北茨城市）に上陸してきた新政府の増援軍は、白河口の軍と合流して、平・三春・二本松を次々と制圧し、8月に入ると中村藩を降伏させ、仙台藩領境へ迫った。8月23日、新政府軍はついに会津若松城下へ侵入し、以後、1カ月にわたり会津藩の籠城抗戦が続いた。

　一方、同盟を離脱した秋田藩は8月、同盟軍に横手（秋田県横手市）や大館（秋田県大館市）を攻略され、その後も城下近くまで攻め込まれ、窮地に立たされた。本荘藩など由利郡の各藩も庄内軍の手に落ちた。

　戦争の悲惨な様相はいたるところにみられた。会津藩では少年で組織された白虎隊が壮絶な自決を遂げ、藩士の婦女子の自害もあった。新政府側・同盟側にかかわらず民衆も農兵・町兵など、戦闘員として駆り出され、戦死に巻き込まれた。戦場となった村々では、放火や略奪が多発し、

離散をまぬがれない状況を生んでいた。東北の戊辰戦争をめぐる研究は、各藩の戦況と、同盟の成立から崩壊に至る経緯、藩論の対立を追う視点が主流であったが、動員された民衆や村の戦争被害に目を向け、戦場の実態が明らかにされる必要がある。

戦後処理

抵抗を続けた同盟側は8月28日、米沢藩が降伏を申し入れ、その後9月中に仙台・会津・庄内・盛岡の各藩が相次いで降伏して、東北戦争は終結した。翌1869年（明治2）5月18日、箱館五稜郭の旧幕府軍が降伏して、1年半近くにわたった内戦が終わった。

会津藩は23万石の領地の9割近くを減らされ、斗南3万石に転封の処分を受けた。仙台藩62万石は28万石に削減され、盛岡藩は白石へ、庄内藩は会津若松（その後磐城平）への転封とされたが、両藩とも70万両の献金（後に減免される）で領地替えはまぬがれた。米沢藩は比較的軽い減封にとどまった。藩主に死罪となった者はなく、仙台藩の但木土佐・坂英力など、同盟藩の奉行（家老）ら重臣が、責任を取らされて死罪となった。

こうして戊辰戦争後の東北は、多くの苦難を抱え、混乱のうちに廃藩置県を迎えた。明治維新の「偉業」も、東北地方にとっては、負からのスタートとなったのである。

図47 戊辰戦争殉難藩士の弔魂碑（仙台市　瑞鳳殿境内）

［参考文献］
保谷徹『戊辰戦争』（戦争の日本史18、吉川弘文館、2007年）
栗原伸一郎『戊辰戦争と「奥羽越」列藩同盟』（清文堂出版、2017年）
奈倉哲三他編『戊辰戦争の新視点』上・下（吉川弘文館、2018年）

足もとの中国
秋田の石敢当

石敢当とは中国発祥の魔除けのアイテムである。今日、それを最も目にするのは沖縄で、那覇市内のＴ字路には必ずといっていいほど見受けられる。悪鬼は真っ直ぐにしか進めないため、道の突き当たりに滞るから、そうした場所に石敢当を設けて邪を払おうとしてきたのである。

この風習は、江戸時代に琉球から薩摩を経由して本州に伝わった。それゆえ沖縄以外でも石敢当を確認できる地域がある。現存数が最も多いのは、いうまでもなく鹿児島県、次いで宮崎県の南部。つまり旧薩摩藩の領内である。そしてこれに次ぐのが、何と意外にも秋田県。正確を期せば、それは秋田市内の、しかもかつて武家屋敷があった「内町」に集中している。1925年（大正14）に山崎鹿蔵氏が調査した時には、目視できたものだけで47基あったという。その数は本州最多である。

江戸時代に北前船を介して伝来したのだろうと考える読者は多いであろう。だが、その推測はおそ

図48　石敢当（秋田市南通亀の町）

らく成り立たない。なぜならば、北陸には目下のところ石敢当の報告例はなく、山形でも、鶴岡にわずか1基あるだけで、酒田には全く見当たらないからである。湊 健一郎氏をはじめとする郷土史家が説くように、それは明治期に伝わったのだろう。

では、誰が秋田に石敢当をもたらしたのか。この点については全くわからない。それを憶測させる史料すら見当たらない。ただ興味深いのは、この地では「敢当石」「散当石」と刻字されている事例が極めて多く、それは琉球・薩摩と明らかに異なる特徴である。秋田の石敢当は境界標石のような小さな石柱形のものがほとんどで、「○○石」という呼称はまさに形状にマッチしている。形に見あった刻字（名称の変化？）は、この外来の習俗が当地の人々にしっかりと受け入れられ、地域の信仰として確かに根づき始めていた証し、といえまいか。

しかし、それも今は昔のこととなっている。秋田の石敢当も数は減り、なかにはゴミ収集ボックスのつっかえ棒になっているものさえある。戦後の都市化（正しくいうと、車が走りやすいように道路が舗装されていく流れ）が進展する過程で、それは邪魔モノに変わったのだろう。

幸いにも湊氏らの努力によって、現存する石敢当の所在も、かつてそれがあった場所も確認することができる。筆者もその成果を片手に秋田のまちを彷徨したことがある。何とも楽しい散策であった。読者諸氏も、名所旧跡をめぐる大旅行ばかりでなく、こうした足もとをながめる小さな旅に出てみてはいかがだろうか。路上観察学もまた楽しからずや。

[参考文献]
山崎鹿蔵『秋田の石敢当―旧秋田市内を中心として―』（傳承拾遺の会、1986年）
湊健一郎『秋田市の石敢当（2003年版）』（秋田軽出版、2003年）

IV

近代・現代

01.

明治政府の東北政策

近代東北の創設　　　　1868年（慶応4＝明治元）、戊辰戦争の過程で成立した薩長中心の維新政権は、奥羽越列藩同盟の存在した地域を東北という呼称で掌握する。近代における東北の発端であるが、同年7月、政権参与の木戸孝允が太政官に提出した東北諸県儀見込書に由来する。そこには、同年閏4月に発せられた府藩県三治制がからみ、同年12月の列藩同盟軍への処分とともに実質的に施行されたが、なお、減封された形で藩も残ることになり、のちに新潟県となる地域も含まれていた。

　こうして登場した東北なる呼称が国の機関に冠せられたものに、1871年7月の廃藩置県後の11月に設けられた陸軍の軍団4鎮台のうち、仙台に置かれた東北鎮台があるが、それは1873年6月の6鎮台に増設されたとき仙台鎮台と改称される。1884年5月、師団制が採用されると仙台鎮台は第2師団となる。師団の徴兵管区は一定しないが、1883年から97年にかけての第2師団のそれは東北6県と新潟県であり、1897年、弘前に第8師団が設置されると、青森・岩手・秋田・山形の4県はその管下に移り、1907年まで第2師団の管下は宮城・福島・新潟の3県となる。その後、1907年、高田に第13師団が新設されると新潟県はその管下となり、宮城・山形・福島の3県は第2師団に配される。しかし、1925年（大正14）の軍縮で第13師団が廃されると、新潟県は第2師団に戻り、山形県は再び第8師団に移される。よく忍耐強い第2師団の精兵は東北農村出

身といわれるが、実際の編成にはこうした編成替えがあり、第２師団の管下で一貫したのは宮城・福島の２県であるとはいえ、戊辰戦争で列藩同盟軍の支配地域であった新潟を含む東北７県が近代日本の人的な軍事的基盤と認識されたのは皮肉である。

東北開発と資源収奪

体系的な東北開発とはいえないが、1856年（安政3）に盛岡藩の大島高任が建設した釜石の洋式高炉のうち大橋・橋野など４つが1873年（明治6）に官設となり、工部省の官営釜石鉱山として操業されるも、成果が挙がらず、1883年6月、廃止の憂き目をみている。

　この間、中央からの東北開発構想を明白な形で打ち出したのは、1878年（明治11）3月に内務卿大久保利通が太政大臣三条実美に提出した2通の建議書である。1つは「一般殖産ノ事ヲ謀ル」ため、「東北諸州水陸運路ノ便利ヲ与フ」るべく、野蒜築港（宮城）、新潟港改修（新潟）、越後・上野運路開鑿（新潟・群馬）、大谷川運河開削（茨城）、阿武隈川改修（福島・宮城）、阿賀野川改修（福島・新潟）、印旛沼・東京運路開鑿（千葉・東京）の７件であるが、大久保の東北諸州には新潟県が含まれる。なお、群馬・茨城・千葉の3県は東北諸州ではないが、運路の視点に立てば、東北諸州から東京にいたる重要な経由地であった。もう１つの建議は、原野開墾であり、福島県下安積郡対面原近傍原野（郡山市）を挙げ、水利の便を欠くこの地に「最寄猪苗代ノ湖水ヲ疎通スル」ことを提言する。

　大久保は、これらの実現のために大蔵省に訓令し、同年5月に起業公債1250万円を第一国立銀行と三井銀行に募集させ、1000万円を全国18の事業に配分したが、そのなかで東北諸州にかかわるものは野蒜築港、新潟港改修、宮城・山形両県下新道開鑿、岩手・秋田両県下新道開鑿、群馬・新潟両県境清水越新道開鑿、猪苗代湖疎水（安積疎水）、秋田県阿仁鉱山開坑、秋田県院内鉱山開坑、山形県油戸炭山興業の９件で、

配分総額の31％強であり、しかもその５割強が鉱山開発にあてられていることに大久保の意図が東北諸州の資源収奪にあったことが窺える。大久保は同年５月14日に暗殺されるので、その顛末にかかわることはできなかったが、いずれにせよ、東北開発を考えるとき、東北地方を特殊日本的な存在としてとらえるのではなくて、近代の中央集権国家にみられる、権力が中央に対する食糧や労働力をはじめとする各種資源の供給地として周辺に政策的に創出した地域であるという認識を持つべきである。今日、一極集中という形で問題とされる格差は、しばしばいわれるように開発の遅れから生じるものではなく、むしろ様々の資源の地方からの収奪として展開された開発の帰結にすぎないのである。

点と線の開発と水稲単作地帯化

　　　　大久保の東北開発構想には鉄道建設はみられなかったが、東北地方への鉄道建設は意外に早く始まる。1881年（明治14）に右大臣岩倉具視の首唱のもと、華族の保有する金禄公債を集めて設立された日本鉄道会社がそれを具体化する。同社の建設計画にみる第１区の上野―横川（群馬）間は1885年10月15日に開通したが、第１区の大宮（埼玉）を分岐点とし着工されたのは同年１月15日であり、1887年12月15日に上野―塩釜（宮城）間が開通する。この塩釜はすでに廃止された旧国鉄塩釜線の塩釜港駅であり、現ＪＲ東北本線の塩釜駅ではない。このあと岩切（宮城）―塩釜間は支線とされ、本線は岩切から盛岡（岩手）に向けて工事が進められ、1890年４月16日に上野――ノ関（岩手）間が、同年11月１日に上野―盛岡間が開通し、上野―青森間が全通をみたのは1891年９月１日であった。1872年（明治５）に新橋（東京）―横浜（神奈川）間で開業した官設の現ＪＲ東海道本線の新橋―神戸（兵庫）間が開通したのは1889年であったから、現ＪＲ東北本線の全通は決して遅いわけではなかった。ちなみに山陽鉄道株式会社による現ＪＲ山陽本線神戸―下関間の全通は1901年５月27日、門司（福岡）

一鹿児島間の全通は鉄道国有化後の1909年11月20日である。新潟県と東京を結ぶ鉄道として直江津（新潟）―軽井沢（長野）間が建設されていたが、1893年4月1日、アプト式を採用して軽井沢―横川間が開通し、日本鉄道会社の上野―横川間とつながる。

　日本鉄道会社は1894年に新法にもとづく日本鉄道株式会社となるが、その手で現JR常磐線となる海岸線の建設が進められ、1898年8月23日に上野―岩沼（宮城）間が開通し、こちらも上野―仙台・青森間の列車が走るようになる。

　山形・秋田両県への鉄道建設は遅れるが、1892年6月21日公布の鉄道敷設法によって官設として建設されることになった現JR奥羽本線は福島側と青森側の双方から工事が進められ、1905年（明治38）9月14日に全通をみる。そのさい注目さるべきは、同法に「本線ヨリ分岐シテ山形県下酒田ニ至ル鉄道」と規定されていた現JR陸羽西線が酒田線として1914年（大正3）12月24日に開通していることで、これは明らかに庄内米の東京への輸送が目的とされていることを示している。日本海側を縦断する現JR羽越本線は1924年（大正13）7月31日に全通したが、この結果、神戸（兵庫）―青森間が結びつけられることになった。

　このような東北地方への鉄道敷設は、鉄道が文明開化の象徴とみなされたこともあり、大勢としては歓迎された。しかし、岩手県出身の農政学者新渡戸稲造は、1898年（明治31）に著わした『農業本論』において、鉄道開通が都市の増進と農村の衰退という地域格差をもたらすことに警告を発し、「人口の都会に漸殖して田舎に漸減する」という形で人口が農村から都市に吸いあげられるストロー効果に言及するが、折から進行中の中央における産業革命のもと、それは人口（労働力）のみならず、食糧・鉱産物などあらゆる資源に関して現われる。とくに東北地方のように開発が鉄道建設だけの点と線に留まり、面への広がりをみせることにならなかったとき、ストロー効果は顕著となる。

いずれにせよ、新潟県を含む東北7県が鉄道によって東京に結びつけられる過程で、東北7県は都市に対する食糧供給基地としての役割をになわされ、水稲単作地帯化が進められるが、そこには1897年（明治30）を境に日本が米の恒常的な輸入国に転換したことがかかわっている。こうした米不足の状況は1968年（昭和43）に米の生産過剰が露呈されるまで続くも、その要因は日露戦争期に進行した産業革命の結果、都市人口が雑業層を含む労働者人口を中心に急増したためであり、そのかなりの割合が東北地方から供給されたことにある。とくに単作農業（モノカルチャー）といえば低開発地域の指標のごとくいわれることがあるが、東北7県の近代を運命づけた水稲単作地帯化は決して近代以前に遡るものではなく、近代の、とくに1903年（明治36）に出された主穀中心の農業のための乾田馬耕・耕地整理・短冊苗代の導入など農事改良必行事項14項目を軸とした、明治農法の集大成ともいうべき農業政策の所産であったことを見逃してはならない。そこでは、米の生産とともに多収穫品種の採用と販売肥料の増施が行われ、現金支出による経費の増大が生じ、反当収量の上昇が耕作農家の収益の増大にはつながらず、かえって収益の減少すらもたらし、化学肥料が登場すると鋏状価格差（シェーレ。肥料・農耕具など工業製品と農産物との価格差が鋏を開いたような形で漸次拡大すること）の問題もからみ、そうした傾向が拡大する。

　この間、稲作だけでは農家に現金収入の機会を基本的には年1回しか与えることができないので、米の端境期に農家に現金収入を得させるべく養蚕の奨励が進められた。米と繭の農業といわれるゆえんである。ただし、東北地方での養蚕の普及は、鉄道開通と重なり、地場資本による近代製糸業の発展を促すことにはならず、すでに大規模製糸工場の体裁を整え、原料繭の確保を喫緊の課題としていた長野県や京都府の製糸大資本（片倉・郡是など）が繭の買い付けに進出してくるようになった。そして、1905年（明治38）前後にそれまでの春蚕に加えて、東北地方にも夏秋蚕が導

入されるようになると、製糸大資本による東北地方への工場進出が原料および労働力立地の観点から展開されるようになり、東北外資本の東北投資とそれに対する東北の従属という形の外からの収奪を旨とする開発が出現することになる。なお、この時期に東北地方の山村でみられた伝統的な馬産が、軍馬生産の基盤に改編される状況も視野に入れるべきである。

　ところで、20世紀を迎えた頃の東北地方の電気事業への需要のほとんどは電燈用で、火力であれ水力であれ、発電所の規模は小さかったが、産業革命の急速な進行がみられた首都圏では京浜工業地帯が形成され、工場用動力として電力需要が増大した。そのため大容量水力発電の開発立地を求める動きが具体的な日程にのぼり、福島県にも猪苗代湖をダムに見立て、それまで安積疎水に流していた水を分けて会津側の日橋川に落として発電し、東京電燈株式会社への売買を目的とする猪苗代水力電気株式会社が1911年（明治44）に設立される。4つの水力発電所の建設をうたった同社は1915年（大正4）11月12日に出力3万7500kwの第一発電所を完成させ、東京に向けて11万5000Ｖの超高圧送電を開始したが、これによって東北地方は中央への電力供給基地としての役割をになわされることになった。同社は1923年（大正12）に東京電燈に吸収合併されたが、猪苗代湖水系には現在も新潟県の信濃川水系とともに東京電燈の後身東京電力株式会社の水力発電所群が存在している。

［参考文献］
岡田益吉『東北開発夜話』（河北新報社、1956年）
岩本由輝『東北開発人物史』（刀水書房、1998年）
岩本由輝『東北開発一二〇年』（刀水書房、初版1994年、増補版2009年）

02.

東北振興会と東北振興調査会

東北振興会の設立と顛末

　　　　　　東北地方の歴史をみていくと、明治が大正にずれこみ、そのあとにすぐ昭和がやってくるという印象が強い。要するに、産業革命は遅れたままに終始し、農村不況の到来は全国にさきがけるということである。よく東北の後進性ということがいわれるが、それは前近代から引き継がれたものではなく、日本の近代が東北地方を水稲単作地帯として食糧および労働力の供給地として位置づけたことによってもたらされたものである。

　そのような状況のもとで、1906年（明治39）9月に『将来之東北』を上梓した福島県相馬郡小高町（南相馬市小高区）で輸出羽二重織の生産を営む半谷清寿は、東北地方の水稲単作地帯化を憂い、商工業の充実による東北地方の地域的発展の必要性を強調する。いわば内からの開発を指向するものであるが、その論旨は新渡戸稲造や益田 孝 から強い支持を受けている。とくに益田の『やまと新聞』に連載した「東北地方産業振作」に関する提言は、岩手県出身の政治家原 敬 の注目するところとなり、原は山本 権 兵 衛内閣の内務大臣をつとめていた1913年（大正2）7月27日に益田と「東北振興に付懇談」し、益田らの尽力で渋沢栄一を会頭とする東北振興会が設立され、岩崎久弥・安田善三郎・三井八郎右衛門・住友吉左衛門など四大財閥の当主ら60人の財界有力人士が会員として名を連ねた。

　　しかし、この会は、1913年の凶作や1918年の米騒動にさいして東北救済の慈善活動を行ったことで世間の耳目を集めたことから、東北振興は

東北救済の代名詞のように印象づけられ、東北地方の気力ある人々からは振興ということばを使うことは恥辱なりとする雰囲気さえ生じさせた。もとより会の事業はそれだけではなく、政府による配当保証や債券発行の特権を有する国策会社としての東北拓殖会社の設立などを1915年には提言している。ただ、それらも東北地方の住民にとっては外からの開発構想にすぎなかったようで地域の反応は鈍かった。

　その後、1923年にはそれまでの会の構成を改め、東北六県の実業家を加えて会員を264名（うち法人7）と大幅に増やし、1924年10月24日に東北振興会地方支部連合会大会が福島市で開催された。この大会において渋沢など中央の会員から東北地方の弱小な銀行の合同と電気事業の組織改善が勧告されたが、東北地方の銀行と電気事業の整理統合につながるこれらの勧告は、増員された東北地方の会員の反対で否決されている。東北地方の会員が中央からの介入に独自性を発揮したとみることもできるが、この時点で整理統合の方向を示さなかった東北地方の銀行と電気事業は、整理統合が行われたからといって無事であったとはいえないにせよ、間もなく金融恐慌と昭和恐慌のあおりを直接的にこうむることになる。

　東北振興会は1927年（昭和2）3月31日に解散したが、それと同時に浅野源吾を中心に「多数人の精神的協力である輿論の力に依つて政府に迫る」ことを目的とする第二次東北振興会が組織される。しかし、金融恐慌のさなか会としての活動どころではなかった。そして1929年の世界大恐慌が日本では昭和恐慌として発現し、会員のなかにも銀行や電気事業を中心に経営に破綻を来したものが多く、自殺者が出たということもあって、会はほとんど開店休業の状態に置かれた。

　しかし、昭和恐慌の最も深刻なところは、それが非資本主義的な農業部門に波及し、農業恐慌を惹起したことにあった。恐慌という経済的要因と豊凶という自然的要因がからむなかで、農民は農産物価格の下落に直面させられる。山形県を例にとると、米価は1926年（大正15）を100と

した場合、1929年（昭和4）に81、豊作の1930年に50と暴落して豊作貧乏の様相を呈し、1931年には凶作にもかかわらず49.5と最低を記録した。また繭価も1926年の100に対して1930年には35にまで落ちこんで低迷した。こうした状況は山形県だけが例外でなく、全国的に米と繭の農業が破綻したことを示したが、東北地方において事態はとくに厳しかった。鋏状価格差が進むなかで農家負債は累増し、中小地主や自作農のなかにはその整理のために土地を手放すものも現われ、売るべき土地を持たない小作人など零細農のなかには娘の身売りに陥るものが続出した。

農山漁村経済更正運動と東北振興調査会の官設

政府はこうした状況に対応するために、1932年（昭和7）に窮迫農民に現金収入を得させることを目的に救農土木事業を実施し、国家が農民・農村を地主の支配から切り離して共同体的秩序を利用することを意図する農山漁村経済更正運動を推進する。この運動は全国的に展開されたわけであるが、1934年12月26日には、東北振興問題の根本的解決を目的に内閣総理大臣を会長とする東北振興調査会が設置される。ちなみに、1934年は1931年に続く厳しい凶作に見舞われていた。

内閣総理大臣岡田啓介は、1935年（昭和10）1月10日の東北振興調査会第1回総会において東北振興のための具体的方策についての諮問を行うが、2月28日の第5回総会での答申にもとづき、5月25日に内閣東北振興局を開設する。そして9月27日の第7回総会において「一、東北興業株式会社設立ニ関スル件　二、東北振興電力株式会社設立ニ関スル件　三、金融施設ノ整備改善ニ関スル件」が答申される。一は東北地方の「殖産興業ヲ目的」として「資源ノ開発ト経済ノ振興トヲ図」ること、二は東北地方の「産業ノ開発ト経済ノ振興」を目的として「有力ナル水力地点ヲ開発シ、以テ低廉ニシテ豊富ナル電力ヲ供給スル」国策会社を設立しようとするものであった。三は金融力の低い東北地方の金融機関の整備改善を

はかろうというものであったが、この時点では着手されることにはならなかった。

　2つの国策会社を作るための東北興業株式会社法と東北振興電力株式会社法は、立法過程において1936年2月26日に二・二六事件が勃発したことで暗転があり、東北振興調査会会長が岡田啓介から広田弘毅にかわるということがあったが、5月27日に公布されている。

　東北興業株式会社と東北振興電力株式会社は、ともに資本金3000万円、一定年限の間、政府による配当保証と債券発行の特権を有する特殊な株式会社として1936年10月7日に発足するが、前者の総裁と後者の社長には吉野信次が就任した。そして翌10月8日には、内閣東北振興局は両社の監督官庁として内閣東北局に格上げされている。

　この間、東北振興調査会は1936年7月8日の第9回総会において、恒久対策として1939年度から1941年度にいたる東北振興第一期綜合計画要綱を内閣総理大臣広田弘毅に答申しているが、東北地方の「産業ノ振興」と「住民ノ生活ノ安定」とともに「所謂広義国防ノ実ヲ擧ゲル」ことをうたったこの計画要綱には30の項目が並んでいる。しかし、この30項目はそのまま実施されたわけではなかった。

　1937年（昭和12）6月18日、東北振興調査会は内閣総理大臣近衛文麿が会長になった最初の第10回総会において、第9回総会で可決されていた予算3億2000万円を1億9600万円に減額することとし、項目も30から25に削減されている。削られたのは、「鉄道網ノ整備改善及鉄道運賃ノ削減」、「国有林野ノ解放」、「負債整理ノ促進」、「金融施設ノ整備改善」、「租税其ノ他公課ノ軽減」の5項目であるが、それぞれに金がかかるこれらの項目が消えたところに、広義国防が打ち出されたこの時期の東北開発の性格が如実に窺える。なお、1941年12月8日の太平洋戦争開戦後、12月20日に政府は臨時東北地方振興計画調査会を発足させるが、1942年1月29日のその第1回総会において出された会長である内閣総

理大臣東条英機の諮問に対し、6月29日の第3回総会において、東北振興を広義国防のためから高度国防に転換させる内容を盛りこんだ東北地方振興計画要綱を答申している。

東北興業株式会社と東北振興電力株式会社

　ところで、東北興業株式会社は発足以来、太平洋戦争の開戦をはさんで、1945年（昭和20）の敗戦時まで都合78の投資および助成会社を擁し、東興コンツェルンと称されたが、肝心の直営事業も発足前に根幹にすえようとしていた化学肥料工業直営計画が頓挫して以来、制約された予算のなかで劣弱なままに終始した。しかも東興コンツェルンの実態も多角的といえば聞えはよいが、会社の見本作りをやっているのかと揶揄されたように、結局、戦争遂行のための総動員体制の中での物資動員計画と生産力拡充計画によるexploitationの極ともいうべき場当り的な資源開発と生産増強を課されただけで、採算を度外視した投資が強行されたのであり、東北振興のための殖産興業という目的は達せられないままに敗戦を迎えることになる。

　東北振興電力株式会社は、開業とともに秋田県の玉川水系において4ヵ所、岩手県の閉伊川水系において3ヵ所、福島県の阿武隈川水系において3ヵ所、青森県の奥入瀬川水系において2ヵ所、山形県の八久和川水系において2ヵ所と、合計14の当時としては大規模な水力発電所の建設にとりかかるが、これは東北地方の電気事業の統合を進めるための媒体としての役割をになっていたからであった。そして、これにともない50ヘルツ周波数への統一をはかり、それまで弱小かつばらばらであった既存事業者の送配電設備を経由することで新旧送電線を結びつけることを敢行し、折からの電気事業の国家管理に寄与することになるのである。ちなみに電気事業の国家管理は、1938年（昭和13）3月26日制定の電力管理法と日本発送電株式会社法と、この2法との関連で改正された電気事業法とによって実施されたが、日本発送電株式会社は1939年4月1日に発足

している。東北振興電力株式会社は1941年（昭和16）11月末までに新旧送電線の結びつけを達成したところで、日本発送電株式会社に12月1日に合併し、その施設を日本発送電株式会社東北支店に帰属させて使命を達成する。

　なお、電気事業の国家管理についていえば、1941年8月31日の配電統制令の公布に注目する必要がある。これは全国の配電事業を9つに分け、各地区に1つの配電会社を設立するものであり、いわゆる日発9配電体制と呼ばれるものがこれである。東北配電株式会社は1942年4月1日の第1次配電統合において他の8配電会社とともに発足するが、このとき仙台市に本社をおく東北配電に加わったのは新潟県を含む東北7県の13事業者である。そして1943年2月1日の第2次配電統合において、第1次配電統合で残された37事業者が東北配電に出資または譲渡して解散している。

［参考文献］
浅野源吾編『東北振興史』（上中下、東北振興会、上1938年、中1939年、下1940年）
岡田益吉『続東北開発夜話』（経済往来社、1957年）
渡部男二郎『東北開発の展開とその資料』（私家版、1972年）
『東北振興計画集覧』（不二出版、1985年）
岩本由輝『東北開発一二〇年』（刀水書房、初版1994年、増補版2009年）

03.

地域・軍隊・学校

　近年、軍隊という存在を地域とのかかわりから考えていく、新しい研究が進められてきている。本章では創立130年以上という歴史を持つ東北学院を事例として、学都でもあり軍都でもあった仙台における軍隊と地域・学校とのかかわりを見ていきたい。

師団制度の確立

　明治政府は、廃刀令や廃藩置県によって、各藩に分かれていた軍事指揮権を一元化し、武士階級を廃して国民皆兵制度を採用した。それにも関わらず、特に陸軍においては兵士の出身地に依拠した部隊が編制・運用されることになった。それが鎮台—師団制度である。

　1871年（明治4）、東北地方にはまず石巻に本営、福島と盛岡に分営を置く東山道鎮台がおかれたが、これはすぐに廃止され、同年には仙台に司令部が置かれた東北鎮台が設置された。東北鎮台は1873年（明治6）には仙台鎮台と改称され、1888年（明治21）まで存続する。その後、鎮台は師団と改称され、幾度かの改変を経て、東北地方には第2師団（宮城・福島・新潟県を管区とする）と第8師団（青森・岩手・秋田・山形県を管区とする）が置かれることになる。

　基本的には満20歳を迎えた成年男子は、国民の義務として各地の出身者を基に編成された連隊に所属し、複数の連隊が師団に編成されて対外戦争に派兵された。第2師団が最初に関わった戦争は、日清戦争であった。

日清・日露戦争

　　　　　　　　　　　朝鮮半島情勢をめぐる対立から1894年7月日清戦争が開始された。初端の豊島沖海戦で勝利をおさめた日本海軍は、清国の誇った最新鋭の北洋艦隊と黄海海戦を行い勝利を収めた。

　だが、北洋艦隊の主力艦であった定遠・鎮遠を撃沈させることはできなかった。第2師団は、その2艦を含めた北洋艦隊を壊滅すべく敢行された威海衛攻略戦に投入され、戦果を収めた。

　その後、日本陸軍部隊を直接清国の首都である北京近郊に上陸させ、決戦を挑むという直隷決戦が計画されたが、第2師団はこの時の派遣部隊になるはずであった。

　日清戦争は日本の勝利に終わったが、ドイツ・ロシア・フランスは遼東半島の返還などを求めて、いわゆる三国干渉とよばれる介入を行った。日本国内の世論はそれに反発、北清事変を契機として中国東北部に進出してきたロシア軍と日本軍が戦闘状態に入ったのは、1904年（明治37）2月のことである。日本陸軍第1軍に所属した第2師団は九連城の攻撃に参加、次いで遼陽をめぐる戦いでは、弓張嶺において師団を挙げての渡河夜襲を成功させ、後に夜襲兵団として名をはせることになった。

満州事変

　　　　　　　　　　このように明治期に近代日本が経験した2度の国際戦争に関わった第2師団であったが、同師団が再び脚光を浴びることになったのが、1931年（昭和6）9月に始まった満洲事変だったことはあまり知られていない。なお関東軍とは日清戦争後に日本が租借した大連・旅順を含む関東州および、南満州鉄道の権益を保護するために設置された日本陸軍の一部隊であり、〇〇軍とは、2個以上の師団によって構成される、部隊の単位の「名称」に過ぎない。

　満洲事変は、山形県の酒田出身であり、仙台陸軍幼年学校で学んでいた

石原莞爾が中心となり、岩手県出身の板垣征四郎が支援した謀略が契機となったことは広く知られているとおりである。そのタイミングの一致が偶然なのか、あるいは意図的だったのかはわかっていないが、石原の練り上げた謀略の実行部隊となったのは、事変の半年前の1931年4月に満洲に駐屯したばかりであり、石原とも幼年学校以来のかかわりが深かった第2師団であった。第2師団は関東軍の主力として長春・吉林・チチハルなどを転戦し、1933年1月に帰国を果たした。仙台ではその凱旋に際して、市民を挙げて歓待した。

　一方、満鉄沿線から吉林へと兵を進めた関東軍はその後も戦線を拡大し、内地からはさらに多数の師団が増派された。青森・岩手・秋田・山形各県の出身兵から構成されていた第8師団主力は、1932年3月に出動が決まった。同師団は1933年2月からの熱河作戦に加わり、1934年4月に凱旋を果たすことになる。

地域と軍隊　　ではなぜ地域住民は、かれらの「郷土部隊」の凱旋を祝ったのであろうか。そこには戦前・戦中期の軍隊と地域の在り方が深くかかわっている。たとえば現在は「杜の都」として知られる仙台は、元来は学都であると同時に、軍都としても栄えた町であった。一見すれば、教育と戦争は全く別のものに映るかもしれない。だが第2高等学校や東北帝国大学（現東北大学）、さらに東北学院や宮城女学校（現宮城学院女子大学）が存在していた学都という側面と、第2師団司令部と歩兵第4連隊が置かれた軍都という性格は、密接に結びついていた。

　両者の共通点を考えてみよう。それは1つには軍隊も学校も、旺盛な消費層である一定年齢の若者を周辺地域から集め、居住させるという機能を有していたことである。多くの師団司令地と同様に、師団に食料などを供給する商店が必要とされ、近辺には歓楽街が形成されたが、当然のことな

がら軍人だけではなく、学生もまたその利用者となった。一定年齢の消費者層の増大は、都市の発展にも寄与するものだったのである。

また、学生と軍人も切り離された経歴ではなかった。東北学院を一例とすれば、1922年（大正11）次の「中学部入学志願者案内」においても、「高等学校専門学校」への入学資格と並んで「陸海軍諸学校に入学し得る」ことが入学後の「特典」として挙げられていたように、陸軍士官学校や海軍兵学校への進学は、現在でいえばキャリア官僚への登竜門として憧憬の的となっていた。いわば学都であり軍都であるという側面は、学生にとっても就業後のキャリアプランにまで結びつくものだったのである。

さらに1920年代後半以降になると、学校と軍隊を直接結び付ける仕組みが生み出されていた。

学校教練の開始　　1925年（大正14）、文部省（現文部科学省）は全国の中等学校以上の学校機関に対して、「配属将校」の派遣を開始した。現役の将校による学校教練を行うためである。学校教練とは、学生や生徒に対して正課として射撃訓練を含めた部隊教練などを行うものであった。当初の陸軍の思惑は、第一次世界大戦後に世界的な軍備縮小（軍縮）が進む中で、現役将校のポストを維持することにあった。

学校教練の導入は官立学校では義務であったが、私立学校の多くは、自ら希望して配属将校を受け入れた。それは、学校教練を正課とすることで、20歳以上の成年男子に課されていた2年間の徴兵期間を、短縮させることができたからである。先述の東北学院の「中学部入学志願者案内」においても、陸海軍諸学校に入学できることに並んで、「一年志願兵たることを得」ることが特典として宣伝されていたように、学校教練を正課とすることは、私立学校としても学生募集上の大きなメリットであった。だがこのような軍と学校との関係は、次に見ていくような日中戦争から太平

図49 宮城野原演習場における東北学院中等部による実弾射撃教練
（東北学院史資料センター所蔵）

洋戦争期にかけて、次第に変化していくのである。

総力戦体制下の軍隊と学校

　1937年（昭和12）7月、北京郊外の盧溝橋付近で発生した軍事衝突をきっかけとして、日中戦争がはじまった。国民の多くは当初はこの衝突が長期化するとは考えていなかった。だが戦争は上海、南京から徐州へと拡大し、長期戦の様相を帯びていくことになる。東北地方からは第2師団が北支に送られ、チャハル作戦に従事し、一度は軍縮によって廃止されていた第13師団も再編成されて上海事変に投入された。

　日中戦争が長期化するなかで、日本国内では総動員体制が敷かれていった。そのような中で軍部、学校双方がメリットを見出していた配属将校制度は、軍部による学校現場への介入の糸口となっていった。例えばキリスト教主義を建学の精神としていた東北学院では、1940年5月、1人の配属将校が、「学生らの思想動向を打診せんとして　先づ基督教信仰者及受洗者を尋ねたるに数名あり、次で之等数名の学生個人を指名して　順次「基督と天皇陛下とはどちらが偉いか」との質問を発した」という事件を引き起こした。配属将校は学生の思想状況を調べ、それを統制する役割を

帯びていったのである。

　さらに、学校教練が正課となったことで、それは軍部が学校に圧力をかける仕組みとして利用されるようになっていく。配属将校が指揮し、現役の少将クラスの軍人が行う査閲（試験）において落第点をつけられれば、配属将校の派遣が行われなくなる可能性があった。そうなった場合、学校は兵営短縮などの特典を受けることができなくなる。軍部はいわば単位を握る事で、学校そのものの手足を縛っていったのである。

太平洋戦争と東北の兵士たち

　1941年12月に太平洋戦争が開始されると、第2師団は大東亜共栄圏の要衝であったオランダ領のジャワ島攻略作戦を命じられ、1942年3月に同島を制圧した。だが1942年8月にアメリカ軍の反攻が開始されると、ガダルカナル島防衛戦に投入され、圧倒的な火力の前に敗北を喫することになる。同師団は、太平洋戦争開戦以後、事実上初めての敗戦を隠すためか、内地に還送されることなくフィリピンで再編成され、インパール作戦の後備兵力としてビルマに送られ、その後は明号作戦に投入、サイゴンで終戦を迎えることになった。

学徒出陣の開始

　中国大陸と東南アジア、南太平洋域への兵力の大規模な投入が続けられる中で、1943年からは、それまで大学や専門学校に与えられていた、卒業までの兵役猶予という特典は剥奪されることになる。それが「学徒出陣」であった。

　ともすればその言葉の響きから、学生身分のまま出征するというイメージを抱かれることもあるが、実際には「早期卒業」による入営・出征である。私立文系の専門学校であった東北学院もまた、キリスト教主義学校でありながら、学徒出陣壮行会を礼拝堂で開催し、卒業生を戦地に送り出すことになった（図50）。記録の残る1944年度の場合、およそ30％余り

図50 礼拝堂で行われた東北学院主催の学徒出陣壮行会（1944年頃）
（東北学院史資料センター所蔵）

の学生が対象となったと考えられている。

　第2師団以外の東北に関わりを持つ師団を見ていこう。青森・岩手・秋田・山形県の出身兵をあつめた第36師団（雪兵団）は、1943年にマッカーサー率いる米軍を抑えるためにニューギニア戦線に投入された。同師団は1944年、ビアク島やニューギニア西部での熾烈な戦闘によって多くの将兵を失うも、終戦まで同地で戦闘を続けることになる。

　第8師団は太平洋戦争最大の激戦地となったフィリピン戦線に1944年7月に投入され、ルソン島において壊滅的な打撃を受けることになる。日清・日露戦争以来、近代日本の主たる対外戦争すべてに投入されてきた東北各地の師団の多くは、故郷を遠く離れた東南アジアや南太平洋の島々で敗戦を迎えたのであった。

　一方、太平洋戦争末期には仙台もまた戦場となった。1945年7月9日深夜、相馬沖から仙台市西方に侵入したB29の編隊は、東京大空襲と同様、住民の逃げ道をふさぐように、弧を描きながら外周部から中心部へと

焼夷弾を落とし続けたともされている。第２師団司令部のあった仙台城二の丸跡から仙台駅西部の市街地までが焼失した。

　東北学院においても南六軒丁校地の木造校舎が焼失し、東二番町の中学校校舎は外壁を残して焼け落ちた。奇跡的に本館と礼拝堂をそれた焼夷弾のノーズブロック（弾頭部の重り）は、校地南側の運動場に大きなクレーターを残した。

　敗戦後、第２師団司令部の跡地には東北大学が誘致され、川内キャンパスとなった。宮城県多賀城市にあった海軍工廠跡地の一部には東北学院大学工学部が、宮城県柴田町の火薬廠跡地には仙台大学が誘致された。

　本章図49のように、宮城県内諸学校の演習地であった宮城野原演習場は、現在楽天球団の本拠地となっている。軍都であった歴史は、現在の仙台を形成しているのである。

［参考文献］
山本和重編『北の軍隊と軍都―北海道・東北―』（地域のなかの軍隊1、吉川弘文館、2015年）
学校法人東北学院『東北学院の歴史』（河北新報出版センター、2017年）

04.

東北地方と満洲移民

　東北地方といえば、閉鎖的な地域というイメージがもたれることも多い。だが近代史を紐解けば、実際には数多くの海外移民を輩出し、戦後には多くの引揚者を受け入れた地位でもあった。とくに満洲（中国東北部）への送出人数を、都道府県別にみた場合、1位は長野県であるが、2位が山形県、3・4位は宮城県と福島県が占めている。満洲移民といえば、その引揚げをめぐる、1945年（昭和20）8月以降の「悲劇」に焦点があてられる傾向が強い。だがその移民政策は、その根本において重大な問題をはらんでいたのではなかったのか。本章では、東北地方から多くの満洲移民が送られた理由とともに、その歴史的意義を考えていきたい。

石原莞爾と板垣征四郎

　前章にも登場した、山形県出身の石原莞爾は満洲事変後の1932年（昭和7）1月に、「日本の農業移民」について、「日本民族の発展の為　又一面在満鮮支〔朝鮮・中国〕農向上の為　成るへく〔べく〕多くの日本農民を移植することは最も希望する所なり」として、満洲移民への期待を述べていた。

　石原の「満蒙領有」計画は、多面的な目的を持っていた。その一つの目的とは、いうまでもなく「国防」ということである。よく知られているように、石原はいずれ行われる「西洋のチャンピオン」アメリカと、「東洋のチャンピオン」日本の間で行われる世界最終戦争において、日本が経済封鎖を受けながらも戦うためには、「満蒙の沃野」の領有・開発が不可欠であると説いていた。軍部が主導して「国家を強引」するための機会は、

ロンドン海軍軍縮条約が失効してアメリ
カの海軍力が増強され、ソ連が第二次五
ヵ年計画を完成させる1936年前ではな
くてはならない、そう主張していた石原
は、1931年に満州事変を実行したので
ある。

　一方、石原の考えには、東北地方出身
者ならではの「農村救済」という意識が
あったことも確かであった。この点に関
しては、岩手県出身であった関東軍高級
参謀の板垣征四郎も同様である。板垣
は、「国民の経済的生存の問題に就て考
へ〔え〕ますに　帝国〔日本〕の国土狭

図51　石原莞爾
（毎日新聞社「一億人の昭和
史 1930年」）

小にして資源に乏しく　年々60万の人口増殖に対し僅に2万の移民を海
外に送りつつあるに過ぎ」ないと、人口論の観点から満洲の領有と移民送
出を唱えていた。

　これからみていくように、石原や板垣に限らず、満洲移民送出事業にか
かわった人物には、東北出身者、あるいは東北とゆかりの深いものが多数
存在していた。いわば満洲移民政策の土壌は、東北地方で培われていった
といってよいであろう。だが、満洲移民政策は、本当に東北地方の農民を
豊かで幸福にするものだったのか。本章の最後に、その点を考えていくこ
とにしたい。

**移民を唱えた
山形県出身者**　　　　　日本が本格的に満洲に進出していくのは、
　　　　　　　　　　　1905年（明治38）の日露戦争勝利後のことで
ある。だが当初から大規模な満洲への移民送出事業が行われていたわけで
はなかった。

山形縣自治講習所農場全景
大正九年開場、面積2ヘクタール。標高500メートル。左ハ舊道場……農舎、右ハ新道場

図52 山形県自治講習所農場全景（絵葉書）

後に国策へと昇華するような、本格的な満洲移民政策の契機をつくったのは、山形県出身者間で培われた人的ネットワークであった。山形県 東村山郡大郷村 （ひがしむらやま　おおさと） 出身で、退役軍人となっていた角田一郎は、1931年11月に「満蒙経営大綱」を作成し、縁故を頼って政府や軍部上層部に働きかけたが、なかなか賛同者を得ることはできなかった。

　その角田に、やはり山形県にかかわりを持っていた人物が助け舟を出すことになる。それが東京帝国大学農科大学を卒業後、山形県自治講習所所長を務めた経歴を持っていた加藤完治という人物であった。山形県自治講習所とは、山形県農業救済のために、山形県理事官であった藤井武が発案し、1915年に山形市六日町字寒河江町（現緑町）に開校した施設であった。

　加藤は満洲移民政策にかかわった契機について、「農村魂の鍛錬陶冶に必要な教育機関であるところの自治講習所に働き、農民の子弟と共に、一緒に友達となって、農民魂の鍛錬陶冶に没頭したのであります。ところが、教えた生徒の中から『土地の無い我々が、一体どうして農業ができますか』と泣きつかれたのを契機として、大陸移動の問題に頭を突っ込んだのであります」と述べている。無論、東京帝国大学農科学校で学んでいた加藤が、後述するような農家の「次三男問題」について、生徒から訴えられるまで気が付かなかったはずはない。だが、加藤が満洲移民送出への意思を固めたのが、山形自治講習所勤務の時期であったことは確かであろう。

　角田と加藤、という2人の山形出身者の結んだ機縁は、当時の陸軍大臣

であった荒木貞夫や農林次官石黒忠篤、東京帝国大学農学部教授那須皓らへの働きかけを生み、満洲移民政策の基盤を整えていくことになる。ではなぜ当時、とくに東北地方にゆかりをもつ人物らの間から移民政策が主張されていったのだろうか。

東北地方から移民が送られた理由

最大の理由は、特に東北地方を中心とした農村部の疲弊であった。1929年（昭和4）の世界恐慌の勃発は、農家の貴重な現金収入源であった生糸の価格暴落を引き起こしていた。それに加えて、1934年には冷害による大凶作が東北地方を襲ったのである。稲が生育する7月から9月にかけて異常な低温多雨にみまわれた結果、最も被害の小さかった秋田県でも22％の減収、宮城県では45.5％、山形県37％、岩手県にいたっては51％もの減収におちいった。現在よりもはるかに生産効率が低かった米作に経済基盤を置いていた東北各県において、たびかさなる冷害は閉塞感を生み出していたのである。

それに加えて当時の日本の農業は、容易には解決できない構造的な問題をはらんでいた。それが農家の「次三男問題」である。戦前の日本の家制度では、基本的には長子相続制度がとられ、農地もまた農家の長男が引き継ぐことが基本的なありようであった。先述の加藤完治の発言にもあったように、農家の次三男には自作農となる機会が極めて少なかったのである。このような構造的な諸問題が、東北にゆかりをもつプランナー（計画者）の手によって、満洲移民政策に結び付けられていったのである。

満洲移民政策の実施と東北地方

1932年（昭和7）、500名の在郷軍人からなる「第一次武装移民」が渡満したが、この人員構成にも東北地方は深くかかわっていた。第1回移民団の選出地域は、青森・岩手・秋田・山形の第8師管区、宮城・福島・新潟の第2師管区、長野・群馬・栃木・茨城の第14師管区となり、第8師管区の出身者を対象

として岩手県立青年修養道場、山形県立自治講習所附属青年修養道場が設置された。

　その理由は明らかであった。在郷軍人会の声明によれば「現在満蒙に出動せる師団の営区から移民を募集することは、出動部隊と移民との間に精神上一種の親密なる脈絡があって警備連絡その他の種々の点において好都合なるのみならず、現在出動せる部隊の除隊兵をそのまま満蒙に居着かすためにも便宜である」、すなわち満洲事変時の関東軍を構成していた第2師団、第8師団との「精神上」の「親密なる脈絡」、そして同師団の除隊兵を「そのまま満蒙に居着かす」ために、東北地方と北関東・長野が武装移民団の送出地とされたのであった。

　さらに東北地方では、村落レベルで自発的に満洲移民を推進しようとする賛同者も現れてきた。その1人が宮城県南郷村（現美里町）の南郷村立国民高等学校の校長であった松川五郎という人物である。松川は、満洲事変後に歩兵第4連隊長として仙台に赴任してきた石原莞爾の要請を受けた、加藤完治が南郷村で行った講演を聞いて、村を挙げての移民送出を思いついた。このように、石原莞爾─加藤完治─松川五郎という東北地方の育んだ地縁ネットワークが、東北地方からの満洲移民送出を加速させていったのである。

　南郷村の事例は、1930年代当時からその名を知られていった。例えば1937年2月には、宮城県知事夫妻を媒酌人とした「開拓花嫁」と開拓移民団の第一回合同結婚式が行われたが、『河北新報』がそのニュースを、「日本一結婚式」「満洲開拓尖兵十三組」と報道した結果、『南郷町史』によれば、移民花嫁希望者が続出したのである。

　そして1936年5月からは、関東軍によって構想されていた「満洲農業移民百万戸移住計画」が、「20カ年100万戸計画」として閣議決定を受け、国策移民が開始されるに至ったことはよく知られている。だが100万戸500万人移住計画とは、どのような規模の移民政策だったのだろう

か。大雑把にいえば、1936年当時の日本の人口は約9000万人、その内、送出対象とされていた、内地人口は7000万人程度に過ぎない。2020年の日本の国内人口が、およそ1億2600万人であるとすれば、1936年当時の500万人とは、現在に換算すると900万人規模に相当する。これは現在の東北地方の総人口に当たる数である。その計画がいかに途方もないものであったのか、それをうかがい知るに十分な計画数ではないか。

　その後、満洲移民の形態は、当初想定されていた農家の次三男送出では内地農業の再建ができないとされ、「町村の耕地面積÷農家戸数」で算出された過剰農家を送出し、母体となる内地農村の土地再編成を図る「分村・分郷計画」へと移行していった。たとえば山形県であれば、農村人口の半数を移出する計画が立てられたが、その終了はなんと1956年（昭和31）の予定であった。

　この分村・分郷計画によって、東北各県からはさらに多くの移民が送られていく。たとえば秋田県の場合、1940年に秋田県由利郷から移民団が送られ、牡丹江省営城子地区に入植が進められたが、これを支援したのは元秋田県知事であり、当時は満洲国総務長官となっていた武部六蔵という人物であった。ここでもまた東北地方の人的ネットワークが移民送出を推進したのであった。

　このほか例えば山形県南村山郡からの移民団が満洲蔵王郷を、宮城県からの移民団が満洲東北部に「仙台村」を建設するなど、郷土との地縁を保持しながら多くの移民が満洲にわたっていったのである。そのような郷土と移民地とのつながりは、ときとして一方的な善悪の判断もつきがたい事象へと展開していくことになる。

災害と移民者ネットワーク

1933年（昭和8）3月3日、昭和三陸地震による大津波が岩手・宮城県沿岸部を襲った。死

者行方不明者3000名あまり、流出戸数は6800戸を超えるとされる。2011年の東日本大震災と同様、世界各国からは多数の義援金が寄せられた。だがこのとき、東北地方からの移民たちと、故郷を結ぶネットワークが関わっていたことはあまり知られていない。

外務省に残された史料から、その一端を紹介していきたい。1933年4月22日には、在天津総領事から外務省に宛てて、天津において、山形、秋田、岩手、青森、宮城、福島、北海道関係者によって結成されていた「東北会」という団体が「東北震災義捐金」を募集し、「応募義捐金計金八百参円参拾六銭」を送った。

また意外なことに、満洲事変を戦った第2師団、第8師団とのつながりもまた、義援金とかかわっていた。震災の1年前、1932年3月1日に建国されたばかりの満洲国では、「日本東北賑災委員会」が組織され、義援金を送っている。その義援金送付の理由とは、津波の被害を受けた「該三県〔東北三県〕の子弟は客年事変勃発に際し　独立守備隊新京奉天駐屯部隊に勤務し　我国建国の基礎に多大の貢献を為すと共に　犠牲を捧け〔げ〕られたることは　吾人の感謝して永久に忘るる能はさる〔わざる〕処なり」、すなわち満洲事変の貢献者であり、事変時の犠牲に報いるためだとされていたのであった。

このように移民者と郷土と、あるいは出動部隊と故郷とのつながりは、災害からの復興という側面においては、たしかに効果的な影響をももたらしたのである。

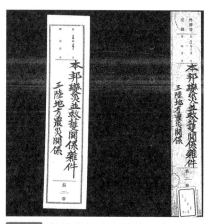

図53　外務省外交史料館に残された簿冊

引揚者の受け入れ

戦争とは膨大な人の強制的な移動を伴う現象である。これは一方では戦地や占領地への将兵や軍属の移動ということもあるが、それ以上に近年、重要なテーマとして注目を集めている事象に「引揚げ」がある。従来の日本近現代史研究では、帝国日本の形成に焦点が当てられてきたが、戦後の帝国の解体における諸問題が考察対象となってきたのである。

敗戦と帝国日本の解体によって、陸軍・海軍からの復員者が720万人から760万人、軍需工場の徴用作業者が約400万人、「外地」をふくめた海外からの引揚者が150万人余りにのぼると想定された。日本の国土が44％縮小し、食糧事情がひっ迫する中で、多くの帰還者を迎え入れる必要に迫られたのである。

元職業軍人だけではなく軍需工場の閉鎖、空襲による都市機能の消失に起因した失業者対策も急がれた。『宮城県戦後開拓史』（1991年）によれば、空襲の被害は119都市におよび、「資産的国富」の25％が灰燼に帰した。1945年の生産指数は、1937年を100としても米が59、工業製品では繊維6.4、紙パルプ19.5、食料品31.6などに落ち込んだ。

これに対して政府は農林省に開拓局を設置し、1945年11月に「緊急開拓事業実施要領」を閣議決定、旧軍用地や国有林などを開拓地に指定し、復員軍人や引揚者、離職者、戦災者の収容と食糧増産に活路を見出そうとしたが、地方当局の動きは、国の政策をまたずに進められていた。宮城県の場合、早くも8月31日には経済第一部長を委員長とする帰農対策委員会が設置され、復員者や退職工員を対象とした集団帰農対策が進められた。また同じころには、県の集団帰農対策とは別に、色麻町王城寺原、鳴子町川渡の旧軍用地を開拓用地にしようとする復員者の動きもみられた。

満洲移民を大量に送出していた山形県では、帰還者の受け入れも急務であった。1945年12月1日、全国組織であった満洲移住協会は解散し、

財団法人開拓民援護会が後継団体として発足した。山形県でも財団法人開拓民援護会山形県支部が設置されたが、山形県ではこれとは別に1946年7月に山形県引揚開拓民更正連盟が発足し、開拓民援護会と共に開拓事業を支えることになる。山形県の移民受け入れ事業で特徴的なことは、開拓民援護会山形県支部の副支部長に、雪害対策としての満洲移民を唱えていた松岡俊三が就任し、東根町にあった元県女子拓務訓練所に満洲から帰国した母子家庭を収容したように、満洲移民の送出母体が受入母体になった点にあった。

　多くの満洲移民を送出していた山形県の場合、県内の開拓候補地の不足も深刻であった。そのため、北海道・東北から関東に及ぶ地域に、満洲移民地のつながりを継続させた形で入植が行われたのである。たとえば『山形県史　本編四　拓殖編』によれば、西村山郡大谷・柴橋両村の分村計画によって送出された阿城開拓団は栃木県那須野原に、第一次弥栄村の一部と庄内郷が青森県上北方面に、置賜分郷板子房と南村山分郷小城子は合同で福島県伊達郡に、第五次永安屯は岩手県駒ヶ岳山麓に、第一次弥栄村から分離独立した大八州開拓団は茨城県北相馬郡にそれぞれ入植したとされている。もとをたどれば、分村・分郷計画のように母村の地縁・血縁を保持する目的であった移民送出形態が、日本帰国後も形を変えながら継続され、引揚者の帰国後の生活を支えたことになる。

満洲移民事業とは何だったのか

　それでは満洲移民事業とは、歴史的にどのように評価されるべきなのであろうか。本章で見てきたように、東北地方から多くの移民が送出された背景には、いわゆる中央から離れ、農業以外の経済基盤への投資も弱く、限られた農地をめぐる次三男問題が顕在化しやすかった、という構造的な問題があった。だが満洲移民事業として送出された東北の農民は、たしかに自作農として自立したが、その経営も現地で朝鮮系、あるいは中国系住民を小作人として雇

い入れることで成立していたことも見落とすことはできない。中央から差別され、棄民に近い形で満洲に送り込まれた東北農民、という一面的な図式ではとらえきることはできないのである。

　この点に関連していえば、本章冒頭でも述べたように、ともすれば満洲移民事業は、ソ連軍侵攻後の悲劇に目を向けられる傾向がある。だが実際には、満洲での営農活動は敗戦までは極めて順調であった。東北出身の移民者らもその多くの者は、内地では得られない規模の農地の開拓を行い、農産品の増産に成功していたのである。

　最後に考えていきたいことは、それでは「もし太平洋戦争がなければ、あるいは日本の敗戦がなければ、その後の日本、あるいは東北地方の農業はどうなっていたのか」ということである。満洲事変が進行中であった1932年2月、『東洋経済新報』という新聞の社説を書いていた人物がいた。彼は「我が国民も、また軍部乃至政府当局も、満蒙に於ける権益乃至其の処に存在する資源の価値を、あまりに高く買いかぶり、見当違いの皮算用をしている」と、明確に満蒙領有論への批判を加えていた。

　その人物の批判は単に満洲の資源の価値への過大評価をいさめただけではなかった。彼は現下の満洲事変が成功裏に終わり、その後順調に満洲開発が成功した将来への危惧を述べていたのである。「或人は満蒙に於ける可耕地の広大なるを数え、そこに著しく多くの我農民を移植でもできるが如く考える」と、石原や板垣、加藤らの主張していた主張を取り上げながら、次のように指摘していたのであった。

　　　「満蒙に生産される巨多の農産物が我農業に如何なる影響を与うるかを考うる時に、そこに容易なる大問題の伏在するを発見しよう。去らぬだに死活の境に彷徨せる我国内の農業は全滅的打撃を受ける」

　これを指摘していたのは、戦後首相となる石橋湛山であった。もし満洲移民政策が成功すれば、満洲に移住した勤勉な日本人農民の手によって、広大な農地と安価な人件費、そして場合によっては内地より進んだ機械化

農法によって、日本内地と同品位（あるいはより高品質）の農産物が、より安価に膨大な量で生産され続けることになる。現在に換算して900万人規模におよぶ国民を、「国策として送出」した以上、その生産物が日本に輸入される際に、過剰な関税障壁を設けることもできなかったはずである。実際には満洲で増産された農産物は、日中戦争で消費され、太平洋戦争下での海上輸送網の混乱もあって内地への大量送還は行われないままに終わった。

　だが1945年の敗戦がなければ、満洲からの日本内地に輸出される農産物は、石橋の指摘したとおりに「死活の境に彷徨せる我国内の農業」に対して「全滅的打撃」を与える可能性が高かった。移民者を送り出した後に残った東北各地の母村の生活は悲惨な状況になったのではなかったか。

　歴史事象の評価は多角的でなくてはならない。石原や板垣、加藤らが唱えていた満洲移民論、それは本当に東北地方の人々を救うものだったのか。そのことを今、改めて問い直す必要がある。

[参考文献]
安達宏明・河西晃祐編著『争いと人の移動』（講座 東北の歴史1、清文堂出版、2012年）。
加藤聖文『満蒙開拓団―虚妄の「日満一体」―』（岩波書店、2017年）。

194　IV　近代・現代

05.

大津波災害・
農村恐慌からの復興

大津波災害の常習地域　2011年の東日本大震災からの復旧期、石巻市雄勝町（お　がつ）の瓦礫（が　れき）置き場の脇に保管されていた一基の石碑には、次のように刻まれていた。

雄勝土地区画整理事業完工記念碑

本地区は、本町の中心部に位置し、古くから硯産業や遠洋漁業の基地として発展してきましたが、昭和三十五年五月二十四日、チリ地震津波の襲来により現市街地の大半が壊滅的な被害を受けました。（中略）以来、土地の減歩率の設定、仮換地の指定、公園用地の確保、権利価格の設定、換地処分等幾多の困難を克服し、宅地等の土地を約二米にかさ上げした、現在の市街地が完成。奇しくも父、故山下松四郎町長の起工以来、三十七年の歳月を経て、小職の代に完工を見るに至りました。（中略）平成十一年三月吉日　雄勝町長　山下壽郎

碑文からは、1960年チリ地震津波で壊滅した雄勝中心部が、1999年になってようやく記念碑を建てるまでに復興したことがわかる。その除幕式からわずか12年後、雄勝中心部は東北地方太平洋沖地震によって約15mの津波を受け、再び壊滅したのである。三陸地域の歴史は、津波常習地域特有の時間感覚を踏まえることなしには理解することができない。大津波は町を丸呑みにして押し流し、そこからの復興には39年を要し、復興した町は12年後に再び大津波によって壊滅したのである。

　青森県八戸市から宮城県石巻市までリアス式海岸の景観が広がる三陸

は、近代に入ってから四回の大津波による災害と復興の繰り返しの歴史であった。1896年（明治29）の明治三陸津波、1933年（昭和8）の昭和三陸津波、1960年（昭和35）のチリ地震津波、そして2011年（平成23）の東北地方太平洋沖地震による津波である。

明治三陸地震による津波からの復興

日本民俗学の父のひとりとされる柳田國男は、明治三陸津波について唐桑半島で見聞きしたことを記した「二十五箇年後」というエッセイを残している。これは文字通り明治三陸津波の25年後に取材したもので、柳田が朝日新聞論説委員となった時期の代表作『雪国の春』（柳田國男『雪国の春』岡書院、1928年）に収録されている。そのなかで柳田は、被災地の復興過程を次のように記した。

手短に言えば金持は貧乏した。貧乏人は亡くしたものを探すと称して、毎日々々浦から崎を歩き廻り、自分の物でも無いものを沢山に拾い集めて蔵っておいた。元の主の手にかえる場合ははなはだ少なかったそうである。回復と名付くべき事業は行われ難かった。知恵のある人は臆病になってしまったという。元の屋敷を見棄てて高みへ上った者は、それ故にもうよほど以前から後悔をしている。これに反してつとに経験を忘れ、又はそれよりも食ふが大事だと、ずんずん浜辺近く出た者は、漁業にも商売にも大きな便宜を得ている。あるいは又他所からやって来て、委細構はず勝手な所に住む者もあって、結局村落の形は元のごとく、人の数も海嘯の前

図54 『雪国の春』初版表紙

よりはずっと多い。

　柳田の記述によれば、明治三陸地震による津波被害においては、人々は瓦礫を集めてまわって自分のものにし、金持ちは高台に移転して貧乏になり、「食うが大事」とすぐに浜辺に戻った者たちは商売が軌道に乗り、他所から来るものも多く、津波で多くの犠牲者が出たにもかかわらず、25年後には人口は津波の前より多いのだという。

昭和三陸地震による津波からの復興

　明治三陸津波から37年後の昭和三陸津波における、行政による復興への介入の度合いは大きく異なり、計画的な復興がなされた。例えば宮城県は「海嘯罹災地建築取締規則」を公布・施行した。同規則では、「昭和八年三月三日ノ海嘯罹災地域並海嘯罹災ノ虞アル地域内ニ於テハ知事ノ認可ヲ受クルニ非サレハ住居ノ用ニ供スル建物（建物ノ一部ヲ住居ノ用ニ供スルモノヲ含ム以下同シ）ヲ建築スルコトヲ得ス」（室谷精四郎編『宮城県昭和震嘯誌』宮城県1935年より）として、津波の浸水地域内に建築物を設置することを原則的に禁止するなど、積極的な規制を伴う復興政策がとられた。

　また、昭和三陸津波後には、義捐金を元に震嘯災記念館が宮城県内の32ヵ所の高台に建設された。これは、避難所と生活向上のための施設を兼ねる集会所のようなものであった。朝日新聞の呼びかけで集まった義捐金の残りを活かして各所に記念碑が建てられたが、そ

図55 石巻市鮎川浜の昭和三陸津波の津波記念碑

れらは震嘯災記念館とセットで設置されることが多かった。例えば、石巻市鮎川に現存する記念碑には、「地震があったら　津波の用心　それや来た　逃げよう　此の場所へ」と記されている。東日本大震災からの復興においては、民間の住宅の再建が優先され、文化的な公共施設の復興はそれに一定の目処が立ってから計画される傾向が強いが、昭和三陸津波からの復興においては、まず震嘯災記念館を建て、それより高台への住宅建設を呼びかけるような方策がとられたと見ることもでき、その対応は対照的である。

産業における創造的復興

　　　　　　明治三陸津波と昭和三陸津波からの復興には、ともに産業の復興が不可欠であった。しかし、その復興は必ずしも行政の関与による政策的な復興ばかりではなかった。

　明治、昭和、チリ地震と、大津波の度に町が壊滅した石巻市雄勝町は、雄勝硯（おがつすずり）の原料となる玄昌石（げんしょうせき）の産地として知られている。明治初期は集治監（しゅうちかん）の強制労働による無償の労働力を背景にした輸出用の石盤用石材が採掘されたが、その生産体制は明治三陸地震による津波で壊滅的な被害を受けた。この大災害からの復興期、玄昌石採掘は地元資本による生産体制に移行し、さらに研磨用円盤をはじめとする大量生産用の道具の考案によって、採掘加工、そして天然スレート製作が地域産業として定着した。しかし、それもまた昭和三陸地震による津波で壊滅した。昭和初期、この地域の漁業は零細な経営を脱しなかったのに対し、震災からの復興期において硯生産はダンケと呼ばれる問屋に連なる職人たちが硯の各部の彫りを分業する量産体制へと移行した。昭和中期には、硯生産の全国的なシェアを確立していったが、チリ地震津波では再び大きな損害を被ることとなった。この大津波からの復興期、被害の大きかった北上川沿いの集落の復興に玄昌石を原料とした天然スレートが用いられ、スレート屋根葺（ふ）き技術の需要が高まり、さらに近代の文化財建造物の修理を担う国の選定保存技術とし

ての指定も受けた。加えて硯作りにおいては、普及品である学童用硯と工芸的な高級硯という、両極端の製品作りの時代となった。「雄勝硯」として国の伝統的工芸品にも指定され、良質な石材と高い技術に対する評価を不動のものとしていくのもこの時期である。

　玄昌石を利用した雄勝の産業は、まさに災害と復興の過程で紆余曲折を経てきた。それぞれの復興期には、新たなニーズの開拓と、技術を応用した新商品の開発が目覚ましく行われてきたのである。

昭和恐慌からの復興

　昭和三陸地震の前後は、東北地方の人々にとっては生活が非常に困難な時代であった。1929年（昭和4）にウォール街の株価大暴落に端を発した世界恐慌が、1930年に金解禁を行った日本にも直接的な影響を与え、いわゆる昭和恐慌が起こった。さらに1930年から1934年（昭和9）にかけて起こった、昭和東北大飢饉とも称される記録的な冷害によって農村が困窮していた。東北各地の農村では欠食児童があふれ、娘の身売りも行われるというありさまであった。そこに追い打ちをかけるように起こったのが、昭和8年の昭和三陸地震と大津波であった。

　1933年（昭和8）の昭和三陸津波の復興事業は、土木工事による基盤整備、住宅建設、産業復興といった内容が中心であった。面積の大きな集落においては嵩上げ工事や区画整理、防潮堤の建設等の事業が行われ、漁村のような小規模な集落では、高台での住宅適地造成事業が、復興事業を担う内務省の管轄によって行われた。一方、住宅復旧事業は、大半が農林省管轄の産業組合によって復旧されたものであった。住宅建設と産業振興は、農林省管轄下において、漁業組合や産業組合の枠組みを活用することで進められたのである。

　こうした状況からの東北の復興を考えるとき、1932年から本格化した農山漁村経済更生運動を視野に入れる必要がある。昭和三陸津波以前よ

り、発展が停滞的な東北地方に対し、国をあげて開発を推進することで国力増強を図ろうとする「東北振興論」が唱えられてきた。それは昭和東北大飢饉を期として政策化し、農山漁村経済更生運動と産業組合の拡充運動というふたつの大きな柱のもと推進された。経済面では、農業経営においては産業組合の導入、農業技術の合理化、新技術の普及などが展開された。加えて生活改善運動によって、冠婚葬祭の簡略化や時間厳守といった生活の規律重視などの日常生活の細部にわたる分野に至るまで自力更生のための課題と位置付けられた。農山漁村経済の自力更生と大津波被災地の復興は、近代化の技術や知識の普及と産業振興、産業組合による個別の家の利害を超えた連帯の構築、国民生活を管理下に置く生活改善などが、並行して展開された。これら1930年代の一連の社会政策は、第二次世界大戦下の戦時体制の準備段階であったとみることもできよう。

　また、この時期盛んに喧伝されたのが「郷土」という言葉である。行政区画を単位とした狭隘な意味での「郷土」への愛着と、それによって涵養（かんよう）される祖国愛は、昭和恐慌や昭和東北大飢饉による農村の疲弊と直接的につながるものであった。職を求めての離村や娘の身売りなど、生産に従事する世代の農村からの人口流失が深刻化するなか、「郷土」と位置付けられた地域社会への求心力が期待されたからである。具体的には、若者らを動員して「郷土」の歴史を調べて記述したり、地域文化の掘り起こしをしたり、偉人の顕彰（けんしょう）運動を担ったりして、さまざまな文化的な資源が「郷土」への愛着の醸成に用いられていった。

　疲弊した地域の復興において、産業の再生といった経済的な側面だけでなく、地域文化も最大限に活用されていくことは、2011年の東日本大震災からの復興においても見られる現象である。被災地のこれからを考えるうえで、過去の災害から学ぶことは多いが、防災や記憶といった観点からだけではなく、それぞれの災害の時代背景のなかでとらえる視点を持つことが重要であろう。

イギリスの帝国と日本の帝国

　イギリスの帝国支配は、相手国の主権を奪い完全に従属させる「公式帝国」と相手の主権を奪わないが経済的に従属させる「非公式帝国」という2種類の方法をとり、さらに「公式帝国」にはカナダやオーストラリアのような白人移住型植民地とインドのような異民族支配型植民地とに分類され、その構造は非常に複雑である。イギリスは、大航海時代頃にはポルトガルやスペインに後れをとっていたが、18世紀半ばまでに植民地争奪戦争を勝ち抜き、19世紀後半には世界史上最大の植民地帝国を築き、世界の約1/4を植民地として支配した。「非公式帝国」を含めれば、約60%を支配したことになる。他方、日本の帝国支配は、イギリスのような区別をされることはなく、「公式帝国」の異民族支配型の構造に類似している。日本は、明治維新以後本格的に領土膨張をめざし、朝鮮半島、中国北部（満州）、台湾、そして東南アジアへと支配圏を拡大することによって、アジアにおける帝国建設を標榜した。

　しかし、両国の間には植民地支配の構造のみならず植民地解体のプロセスに大きな違いがある。イギリスは、第二次世界大戦時には、帝国防衛をかかげて帝国の一員として植民地の協力を仰いだため、戦争それ自体が独立戦争とはならなかった。そのために、戦後の脱植民地化のプロセスは比較的スムーズに行われ、アジアの諸国は独立後も引き続きコモンウェルス体制というイギリスを中心とした緩やかな連合

体に所属し、軍事的経済的援助を受けた。他方、日本は、敗戦によっ
て主導権をなくしたため、独立をめぐる当事者間の直接交渉を欠落し
てしまった。戦争それ自体が民族解放戦争となったため、終戦が戦前
からの関係を断絶させた。敗戦国日本は、アメリカを中心とした連合
国主導のもとで自らの戦後復興とともにアジア諸国に対して戦後賠償
交渉に着手せざるを得なかった。1960年頃から戦後賠償が開発援助
(ODA) へと発展し、アジアの経済発展に大きく貢献するに至ってい
る。特にインドネシアへの援助が重要であった。

06.

近代に生まれた民俗行事

　みなさんは、民俗といえばどのようなイメージをお持ちであろうか。祭りや民俗芸能、正月や盆といった年中行事、昔話や伝説、結婚式やお葬式など、日本人の心を反映した、昔から変わりなく受け継がれている身近な暮らしの文化。このように考える人が多いのではなかろうか。

　しかし、本当にそうなのか。そこで、本章では岩手県滝沢市から盛岡市にかけて行われているチャグチャグ馬コを事例に、地域の暮らしの変化に注意しながら、民俗がどのように今日まで受け継がれてきたのか、その歴史的展開について紹介するとともに、民俗学が重視すべき視点についても考えてみたい。

チャグチャグ馬コ
とは？　　　　チャグチャグ馬コとは、岩手県滝沢市の鬼越蒼前神社（駒形神社）から盛岡市の盛岡八幡宮までを、着飾った馬と人が行列を組んで行進していく行事である。チャグチャグ馬コの名は、これに参加する馬に着けられた鳴輪の音に由来するという。もともとは、旧暦5月5日に行われていたが、1958年（昭和33）に新暦6月15日となり、2001年からは参加者への配慮とともに多くの観光客が訪れるよう6月第2土曜日へと変化し、現在に至っている。

　この行事は、江戸時代の寛政年間（1789～1800年）から行われてきたと言われているが、現在それを示す具体的な史料は確認されていない。その背景には、農耕馬の無病息災を祈る蒼前信仰があるとされてきた。滝沢市を含む盛岡周辺は、古代から南部駒とも呼ばれる名馬の産地として知

られ、中世までは軍事用が中心であったが、寛政期に馬耕技術が入ると、農業のみならず南部曲家の出現にもみられるように、馬は当地域の暮らしすべてにおいて非常に重要な存在となっていった。このような歴史的事実もあって、チャグチャグ馬コは当地域に古くから変わりなく伝承されてきた行事であるというイメージが定着していったものと考えられるが、はたして本当なのか、以下で再検討してみよう。

現在の行事内容

まず、現在のチャグチャグ馬コの行事内容からみてみよう。祭りの当日、早朝から家族総出で馬具や装束の取り付けが始まる。最初に荷鞍を着け、二布ぶとんを掛けて腹あてを着ける。続いて、真鍮製の鳴輪を吊り、胸がい、尻がい、草ずり、首よろい、まびさし、鼻かくし、耳袋の順に装着し、最後に吹き流しを下げて完成となる。なお、家によっては、花模様の「まんじゅう」が付いたおもがい等も取り付ける。これらは、金具や鞍を除き、ほとんどが自家製であるという。

馬に付き添う男性は、腹掛・どんぶりに乗馬ズボン、地下足袋を履き、背に「蒼前」を染め抜いた揃いの印絆纏を着る。かぶりものは、饅頭笠

図56 馬コと参加者の衣装

で、豆絞りの手拭いで鉢巻をする。一方、アネコと呼ばれる女性は、絣木綿の短衣に紺の股引を着用し、黄色と赤の半巾の帯を締める。縁取りの手甲をし、白足袋に赤い鼻緒の草履を履く。かぶり

ものは、豆絞りの手拭いで頬かぶりをして、その上に花飾りをした編笠をかぶる。

　馬と参加者の衣装が整うと、鬼越蒼前神社に向かう。参拝を済ませると、氏子総代からお神酒（みき）をいただき、整列して神社を出発する。チャグチャグ馬コの旗差しを持った先導馬２頭を先頭に、盛岡市長ら役員の馬、装束馬と続く。行列は、滝沢市内から盛岡市内に入り、材木町や盛岡駅、大通、県庁、市庁前等を通って中津川に着くと、洗足の儀が執り行われる。そこから、八幡町等を経て盛岡八幡宮に到着する。約15km、４時間ほどの道のりとなっている。

　着飾られた馬と昔ながらの衣装を着た人びとが行進していく姿は、この行事が古くから変わりなく受け継がれてきたかのような印象を与える。多くの観光客が訪れ、途中の休憩所では馬と子どもたちが触れ合うなど、ほほえましい光景も見られる。毎年、マスコミ等にも取り上げられ、全国的にも知られた東北を代表する民俗行事の一つともなっている。

蒼前参りは原形か？

　チャグチャグ馬コの原形は蒼前参りとされているが、これはどのような行事なのか。田植えの終わった旧暦５月５日の端午の節供（せっく）の早朝、農耕馬の無病息災を祈願するため、各家を単位に馬を引き連れて参拝する行事で、先述の馬耕技術が導入された寛政年間からはじまったとされている。しかし、確認できるもっとも古い記録は、1903年（明治36）５月30日付の「岩手毎日新聞」に紹介された記事である。その内容を見ると、家ごとに競い合って鬼越蒼前神社に参拝していたようで、盛岡八幡宮まで行列を組んで行進するようなことも行っていなかったことがわかる。また、聞き書きによれば、昔は盛装していた馬はわずかで、ほとんどは何も飾らない裸馬であったといい、鳴輪以外、装束の統一性もなかったと言われている。

　このように、明治期までの蒼前参りを見ると、現在の行事とは大きく異

なっており、蒼前参りをそのまま現在のチャグチャグ馬コとつなげること
には慎重になる必要があると言える。

蒼前参りの盛大化と その背景を考える

先の1903年の「岩手毎日新聞」の記事に
は、多くの見物人が訪れたことが紹介され、
1910年6月12日付の同新聞には1000頭以上の馬が参拝したとある。
なぜ、明治後半期に蒼前参りが新聞にも取り上げられるほど盛大化したの
か。その理由を考えるため、近代以降における当地域の馬産の展開に注目
してみよう。

岩手県では明治初期より馬耕が奨励され、1877年（明治10）には洋式
馬耕犂が内務省から下付されるが、当時はそれほど普及しなかったようで
ある。しかし、1907年に再び馬耕が奨励されると、大正期にかけて急速
に広まっていった。

実は、これには前提があった。日清戦争を経験し日本の軍馬が他国と比
べ劣っていたことを思い知らされた政府は、本格的に馬匹改良に乗り出
す。全国各地に種馬牧場および種馬所が設置されることになったが、
1896年6月に当時の滝沢村に岩手種馬所が、1907年には新たに種馬育
成所がおかれた。つまり、当地域が軍馬の育成地として選ばれ、これに伴
い馬耕も普及していったのである。

このことは、当地域の暮らしにも大きな影響を与えることになる。特
に、軍馬は農耕馬に比べ2、3倍の値で取引され、1910年から1924年（大
正13）の間に軍馬・農耕馬ともに3倍にまで価格が跳ね上がった。これ
により当地域の人びとにとって軍馬を中心とする馬産は、生活維持のため
にきわめて重要な産業となっていった。1924年、岩手県は馬の生産数が
日本一となるが、この時期、それだけ馬産が重要な産業として定着したこ
とを示している。近代に入って、生活を維持していくため、馬の存在意義
が大きなものとなり、これに伴い行事も盛大化していった点は押さえてお

く必要がある。蒼前参りは、農耕を軸としたものから馬産という畜産の儀礼へと大きく変化したのである。

馬産の斜陽とチャグチャグ馬コの誕生

　ところが、この軍馬を軸とした馬産も大きな曲がり角を迎える出来事が起こる。大正末から昭和初期の騎兵廃止論の台頭である。第一次世界大戦を境に、戦場の主戦力が戦車や戦闘機となり、機械化が進んだ結果、軍馬の需要が下がり、価格が低下する。さらに追い打ちをかけるように、世界恐慌や度重なる飢饉の影響により、馬産は衰退傾向になり、これに伴って蒼前参りに参加する馬も次々と姿を消していった。

　このような中、1930年（昭和5）8月に、当時陸軍大学生であった秩父宮が騎兵戦術研究のために盛岡にやって来る。彼は、騎兵第23連隊に約1か月隊付勤務することになるが、その歓迎の意味も込めて9月9日に盛岡八幡宮において、関係者の呼びかけにより着飾られた馬が集められ、これを台覧する。さらに、これを契機に、翌年から蒼前参りは新たに鬼越蒼前神社と盛岡八幡宮の間を行列して参拝する形式に大きく変化することになるのである。

　ところで、新たな行列のルートの背景を考えるうえで注目されるのが、1909年に行われた騎兵第3旅団の歓迎式である。その際に騎兵連隊が行軍した経路ときわめて類似しており、これを参考に始めたものと考えられる。その後の動きであるが、1931年から1939年までは盛岡八幡宮に集合し、鬼越蒼前神社まで行進して参拝した後、再び盛岡八幡宮に戻っていたが、1940年からは蒼前神社に集合し参拝した後、行列を組んで盛岡八幡宮まで行進し、到着後に解散という、現在とほぼ同じコースに変更された。

　このように、厳密にいえば、現在のチャグチャグ馬コは、馬産の斜陽とそれまでの蒼前参りの衰退の中で、秩父宮の来盛を契機として、騎兵連隊

の歓迎式の形式を参考に、その存在意義をアピールするために行われたものを起源としていたことがわかる。従来の蒼前参りとは異なり、軍馬産の復活をアピールするために新たに誕生した行事だったのである。

戦後の展開と地域の象徴、観光資源化へ

　　　　第二次世界大戦の戦況が厳しくなると、1945年のチャグチャグ馬コは中断せざるを得なくなった。翌年も中止されたが、1947年に30頭で復活、1948年には馬事愛好家や馬産家によってチャグチャグ馬コの保存会が設立される。さらに、1950年には盛岡市の農林課に事務局が置かれ、保存会会長には歴代の市長が就任することになる。当時、畜産業の対象は馬から牛へと移りつつあったが、このような中で官民あげて馬産業の再興と地域経済の活性化を目指し、その象徴としてチャグチャグ馬コが活用されることになったのである。しかし、この動きは順調にはいかなかった。昭和30年代（1955～1964年）に入ると、高度経済成長の流れの中で、農業の機械化が進み、農耕馬の利用価値が低下することになる。官民あげてチャグチャグ馬コを盛り上げようとしたが、戦後の農業の変化の中で、再び衰退することになるのである。

図57　沿道には多くの観光客が

しかし、その後チャグチャグ馬コは全国的にも知られる行事となる。それはなぜか。1970年に岩手国体が開催された際、関係者の呼びかけにより100頭以上の馬が集められ、天皇・皇后の天覧を

受けたことが大きい。これがマスコミに取り上げられ全国的に宣伝されると、これまでの南部駒のイメージとも重なり、岩手を代表する行事としてのイメージが広がっていく。1978年に国の無形民俗文化財に指定されるとともに、東北地方は日本文化の故郷というイメージの観光化が進む中で、チャグチャグ馬コは地域文化の象徴として、また重要な観光資源として新たな存在意義を獲得し、現在に至るのである。

チャグチャグ馬コの歴史的展開から見えるもの

このように、現在のチャグチャグ馬コは、農耕馬を対象とした蒼前参りとは異なり、近代以降の軍馬を中心とした馬産との関連の中で誕生したものであった。また、戦後には観光化の流れの中で、地域文化の象徴としての存在意義も獲得していったことが明らかとなった。

その点からすれば、チャグチャグ馬コは近代以降の地域の暮らしとの関連の中で誕生した行事である、と書くと、読者の中には、イメージより新しいことから、何か価値が下がったと思う方もおられるかもしれない。しかし、このような現象は、チャグチャグ馬コに限らず、全国各地における民俗行事に共通するものである。特に、歴史的に変わっていくそのあり方が、非常にわかりやすく出ている点に、東北地方の民俗行事の特徴がある。

民俗とは、各時代の政治・社会・経済と密接に関連しながら、常に変化していくものである。一方、一般的なイメージのみならず、研究者の中にも安易に遠い過去と結び付けて理解しようとする例も数多くみられるが、このような視点は各時代の中でさまざまな要因により翻弄されながらも精いっぱい生きてきた人びとの生きざまを無視するものといえる。古いから価値があるのではなく、地域の暮らしと密接に関連してきたことに意義を見出す必要がある。これからの民俗学は、本章でも示したように、歴史的展開を詳細に検討することで、その地域に暮らしてきた人びとの思いや葛藤を反映させた研究を行っていく必要があるといえよう。

[参考文献]
石川淳「民俗行事の再検討―岩手県岩手郡滝沢村と盛岡市のチャグチャグ馬コ
を事例として―」（『東北民俗学研究』8、2005年）

07.

東北の観光開発と生活文化

新中間層の形成と娯楽　第一次世界大戦後、日本の工業化は急速に進み、都市人口が増大していった。とくに東京では関東大震災からの復興によって近代都市としての整備が進み、男性は俸給生活者、いわゆるサラリーマンとして会社や工場等で労働し、教師や看護師、電話交換手などに従事する職業婦人もあらわれた。都市の労働者は核家族を営み、俸給による安定した収入を得る新中間層が形成された。農業等の第一次産業を基盤とするイエの営みが社会の大多数を占めていた時代から、新中間層の時代へと大きな転換が起こったのである。都市とその近郊に集住する家族は、家事や育児に専念する専業主婦による家内労働を基盤とし、労働と余暇という時間の区分によって生活を構成するようになり、そこから余暇の愉しみを提供するレジャー産業が発展していったのである。

　当時登場した百貨店は、ショーウインドーやショーケースに商品を華やかに陳列して見本を提示する新しい販売形式を作り出しただけでなく、おしゃれや嗜好、趣味などの新しい価値観を発信することで、市場そのものを作り出すような影響力をもっていた。私鉄は郊外の住宅開発や、駅に隣接するデパート等の建設、劇場の運営など、都市住民の生活とレジャーを結びつけるかたちで大きく発展していった。

　大正デモクラシーの時代、文学や美術のさまざまな運動や、民俗学や国民文化の研究などの民間学の発展、ラジオ放送による浪花節や講談などの

大衆娯楽の流行、雑誌をはじめとする出版文化の隆盛などの状況を生み出した。この時代の人々、とくに都市の新中間層は、それまでとは比べものにならないほど多くの「情報」にふれる機会を得ることになったのである。それは今日のインターネットを基盤とする情報革命を彷彿とさせるものがあろう。

東北の観光開発と鉄道

東京と東北地方は、1891年（明治24）に上野から青森までの線路が開通することで陸路で結ばれた。1920年（大正9）の鉄道省発足時、東北地方の鉄道は仙台・福島・秋田・青森・新潟を管轄する仙台鉄道管理局の管理下にあった。

上野駅は、東北地方への東京からの玄関口であった。上野駅舎は1923年（大正12）の関東大震災で消失し、その後は木造駅舎で営業を行っていたが、1930年（昭和5）に現在も使われている上野駅の駅舎が建設された。大正後期から昭和前期にかけ、上野駅は東北や常磐方面への長距離旅行者の起点となった。東北地方への観光客の流れが整うと、おのずと東北の名所や温泉地の観光地化が進展していった。

仙台鉄道局は、昭和初期においてさまざまな旅のガイドブックを出版し、多くの観光客を上野から東北へと導いた。人々は、「東北らしいもの」に触れたいという願望を持っていた。都市の新中間層にとって、東北地方に代表される雪国の生活文化や、東北ならではの風景は、ある種の憧れを抱かせるものであった。昭和東北大飢饉や昭和三陸津波、豪雪被害などによる東北の農山漁村の困難さと、東北らしさへの憧れは、奇妙に共存していたのである。そうした東北イメージは、昭和初期の国内旅行ブームと東北地方の観光化を下支えするものであった。

土産物・名物の誕生と趣味の世界

大正期から昭和初期、出版文化や郵便制度、鉄道網の敷設、それによる物流と旅行の活性化

など、近代社会の成熟を促す基盤が整えられていくなかで、旅行や蒐集趣味などが手軽で身近な知的遊びとして都市を中心に流行した。東北地方は魅力的な目的地のひとつとなり、地域のモノづくりや郷土の歴史・民俗に関心を抱く人々は、東北ならではの造形や風景、習俗を発見する旅を好んで行った。仙台鉄道局は、野趣あふれる郷土玩具や、素朴な暮らしを偲ばせる生活文化を紹介するための出版活動を、積極的に行ったのである。

　東京方面からの長距離旅行や、東北のなかでの小旅行が盛んになると、それぞれの観光地は地域らしさや独自の魅力を伝えるために、さまざまな土産物や名物を考案し、商品化していった。こけしはその代表的な例で、近代に入り各地の温泉地に定着していった木地職人等は、技術を習得した親方に連なる系譜によって独自性を主張しつつ、産地ごとの特色が生まれていった。東京や名古屋、大阪にはこれらの熱心な蒐集趣味家のグループができ、趣味家たちは各地で収集旅行を行った。蒐集趣味は、風光明媚な風景や美人像、東北の人々の風俗などを写した

図58　勝平得之「雪むろ」
（東北学院大学博物館所蔵）

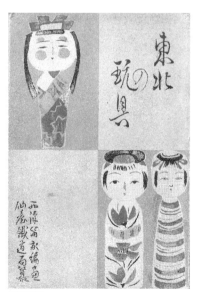

図59　仙台鉄道局による
『東北の玩具』

絵はがきや、各地の郷土食を名物化した駅弁のラベル、手仕事によるもの
づくりから名物化された工芸品や郷土玩具など、さまざまなものが収集の
対象とされた。当時の蒐集趣味は、旅においてその土地の歴史や文化に触
れることが重要であった。

東北イメージと出版文化

仙台鉄道局は、積極的に東北の風俗習慣や生
活文化を紹介する出版物を編纂した。当時よく
知られたものとして、仙台鉄道局編『東北の民俗』（水野印刷所、1937年）
がある。本書は、東北六県の特徴ある年中行事をダイジェスト的に紹介す
るものであった。東北地方の郷土玩具を、路線図とともに紹介するガイド
ブックには、『東北土俗玩具案内』（東北印刷株式会社、1928年）、『東北の
玩具』（水野印刷所、1937年）がある。また、社団法人日本旅行協会（ジ
ャパン・ツーリスト・ビューロー）も、仙台鉄道局の編纂として西澤笛畝編
『東北の玩具』（同協会、1938年）や、石坂洋次郎編『東北温泉風土記』（同
協会、1940年）などを出版し、東北地方の文化を広く紹介した。前者は
風俗史研究家として名をはせた西澤笛畝が編集を担当した本格的なもので
あった。

東北地方の郷土玩具について、もっとも初期にまとめられたものが、
『東北土俗玩具案内』である。そのはしがきには、以下のような文章があ
る。

郷土玩具に残されてゐるところの郷土味と、それをめぐる総ての懐
かしい口碑や伝説を探ねてみたい。そしてそれらから古き時代の雰囲
気と生活状態とを幾分でも考へ、味はうことに言いしれぬ興味をそゝ
られます。

小児の純真な心は玩具の持つ宗教、道徳、教訓、叙事、抒情等にふ
れて、自然とその本能を寛容発揮して行きます。玩具はどこまでも其
の地方の民族性をもとゝしたる小児の実際生活の縮図とも見られます。

また──。郷土玩具は製作さるゝ土地を囲繞する風景や人情風俗の特質をあらはしてゐます。我々の旅行がそれに結付けられるとき、それは一層美しく彩られ、そして簡素な或は華麗な思出をつくるのであります。

　私共はかうした郷土玩具をたづぬる楽しい趣味の旅も、これまでの旅行に加へられねばならぬと考へます。かやうなことに志を同じうせられる方々の手引ともなり、参考ともなるやうにと思つて、編纂してみたのが本書なのです。

　この人々を旅に駆り立てる文章は、当時の旅と蒐集趣味のあり方を端的に表現している。郷土玩具は、「郷土味」を愉しむものであり、かつ純粋な子どもの心の「縮図」であり、土地の風景や「人情風俗の特質」をあらわしているとし、その蒐集を主眼とした旅が「簡素な或は華麗な思出をつくる」のだとしている。そのうえで、例えば仙台の郷土玩具として「堤人形　ぼんぼこ槍　木下駒　蘇民将来　松川達磨　面形　仙台神輿　おほこ首人形　竹駒木馬　こけし這子」を挙げ、解説と購入できる場所や縁日の日程等の説明を加えている。

版画に描かれた東北

　仙台鉄道局が刊行した『東北の民俗』と『東北の玩具』、社団法人日本旅行協会が刊行した『東北温泉風土記』には、木版による素朴で温かみのある郷土玩具の画、温泉地の風景などの挿絵が豊富に掲載されている。これらを描いたのは、版画家の勝平得之（1904〜71年）であった。彼は、ふるさとである秋田県の風俗や風景、民俗行事などを画題として、生涯にわたって東北の風俗を表現し続けた。彼は単なるノスタルジーによって東北の生活文化にこだわりを持ったのではなく、ある思想的な裏付けがあった。それが農民美術運動である。

　勝平は、大湯温泉（秋田県鹿角市）で開催された農民美術講習会に参加

し、そこで講師として招かれた彫刻家木村五郎から木彫を学んだ。木村は、日本農民美術研究所嘱託として各地の講習会で「木彫人形」を指導していたのである。農民美術運動の影響を受けた風俗人形は、農民の服装や労働をモチーフとしたもので、宇治人形や伊豆大島のあんこ人形などが知られている。勝平は講習会の後、秋田風俗人形で生計を立てていたという。当時はこうした素朴な風俗をあらわした人形が、土産物としてもてはやされたのである。

　この農民美術運動は、芸術家の山本鼎が出身地の長野県上田から広めたものである。農民美術運動とは、雪深い信州の農民がその農閑期を使って木彫や刺繍に取り組み、それを販売して収入の増加をはかるとともに、ひとりひとりの芸術的感性を発露させた新しい芸術を作りだすことを目指したものであった。そして農民美術による制作を産業組合を作って副業化し、雪国の非生産的な冬の四ヵ月を経済活動に転換できるとする。ふるさとの風土によって育まれた独特な感性によって制作されたものが、都会では生まれない芸術性を持つのだというのである。

　勝平は、こうした思想に共鳴し、秋田風俗人形を作る一方で、身の回りの何気ない暮らしの風景や民俗行事を画題として、版画を描くようになった。その生活感を醸し出す作品は、1935年に秋田を訪れた20世紀を代表するドイツ人建築学家であるブルーノ・タウトの目にとまり、彼の代表的著作である『HOUSES AND PEOPLE OF JAPAN』（三省堂、1937年）の挿絵を担当することとなった。また、民俗学者の柳田國男らが東北の暮らしを豊富な写真とともに紹介した、柳田國男・三木茂『雪国の民俗』（養徳社、1944年）に、勝平の作品が掲載された。

　勝平の木版画は、こうした日本の生活文化の研究書の挿絵や装幀に採用される一方で、さまざまなガイドブックや絵葉書、雑誌等にも東北の風景として掲載された。そこに描かれた風景は、一般の人々が求める東北イメージと合致し、懐かしさや牧歌的なものへの憧れと結びついていった。大

正デモクラシーから昭和初期の国内観光ブームにいたる時期、東北イメージはくっきりとした輪郭を持って日本社会に広まっていったのである。

08.

戦後復興から高度成長へ

電気事業再編成と特定地域総合開発

　1945年（昭和20）8月15日の敗戦後、国策会社であった東北興業株式会社は連合国軍総司令部（G.H.Q.）のもとで推進された戦後改革の影響をもろに受け、同年11月6日にその監視下に置かれた。1946年8月15日に特別経理会社に指定されたことで配当および社債の元利保証が打ち切られたが、このような保護があって創業以来、命脈を保って来た同社は1947年4月14日公布の独占禁止法や12月18日公布の過度経済力集中排除法の適用は免れた。しかし、適用除外の理由がそこまでするに値しないということであったというから、その実態に対する評価は地に堕ちていたとしかいいようがない。

　この間、1946年12月18日に東北地方行政事務局の提唱で発足した東北振興調査会は1947年4月26日、東北地方産業開発要綱を策定して自然消滅しているが、この要綱を承ける形で初の民選知事を中心に同年6月、東北六県自治協議会が結成される。しかし、この協議会に新潟県が加わることを要望し、その結果、その第1回会合が1948年7月7日、新潟市において東北七県自治協議会として開かれている。このことは、当時の新潟県が東北地方としての開発の推進を希求していたことを示している。今日、新潟県を含む東北七県という表現があったというと不快感を示す向きもあるやに聞くが、水稲単作地帯という意味を含めてかかる現実が存在したという事実は記憶されるべきことであろう。

電気事業再編成は、1948年2月、日本発送電株式会社（日発）と東北配電株式会社など9つの配電会社が過度経済力集中排除法の第2次指定を受けたときに始まるが、G.H.Qの意向が絡み、紆余曲折ののち、1950年11月24日、ポツダム政令としての電気事業再編成令と公益事業令の抜き打ち公布によって東北電力株式会社など9電力体制ができあがり、1951年5月1日に発足する。そして、東北電力株式会社は公益事業として東北興業株式会社にかわって東北開発の主役に台頭する。

　ところで、戦後の東北開発は1950年（昭和25）1月23日制定の国土総合開発法のもとで進められる。ただし、同法は全国・地方・特定地域・都府県の4つの総合開発を規定しながら、施行と同時に実施に移されたのは、「国民経済発展の方向に照応し経済自立目標達成に寄与する電源開発産業振興並に国土保全災害防除等に関し高度の総合施策を必要とする地域で、その実施により著しく効果の増大を期待し得る地域」を基本とした特定地域総合開発であった。東北地方で特定地域に指定されたのは、1953年2月6日閣議決定の北上（岩手県）、同年10月16日閣議決定の阿仁田沢（秋田県）と最上（山形県）、1956年3月6日閣議決定の只見（福島県）の4ヵ所であったが、現実に開発が進行したのは電源のみで、日本のT.V.A（テネシー川流域開発公社）と呼ばれてつまみ喰いされる形で終始し、電源が開発目標とされていなかった最上などはほとんど手がつけられなかった。ちなみに、国土総合開発法の根幹となるべき全国総合開発が閣議決定をみたのは、1962年（昭和37）10月5日のことであった。

　東北電力株式会社は1951年5月1日、日本発送電株式会社（日発）の東北地区所在の全設備と東北配電株式会社の全設備を受け継いで発足したが、供給区域は東北配電と同じく新潟県を含めて現在にいたっている。社長の内ヶ崎贇五郎は「日本の再建は東北から、東北の開発は電力から」をモットーに只見川電源開発に邁進する。1950年3月に旧日発が着工していた沼沢沼発電所の建設を継承するとともに、1954年3月までに新たに

4発電所を完成させ、只見川中下流域で5発電所合計26万kwの出力増強をえて、只見川電源開発工事の第1期を達成するが、東北地方の電源開発で一番進捗した只見特定地域の閣議決定が一番遅れたのは、只見川の水利権利用を東北電力に許可した福島県知事を東京電力株式会社が訴えていたからであり、東京電力の訴訟が取り下げられるまで国も手を下せなかったためである。

東北開発三法の制定とその顛末

1955年（昭和30）1月22日の第21回国会冒頭の内閣総理大臣鳩山一郎の施政方針演説を承ける形で、1957年4月制定の北海道開発公庫法の一部を改正する法律（北海道東北開発公庫法）、同年5月制定の東北開発促進法と東北興業株式会社法の一部を改正する法律（東北開発株式会社法）の東北開発三法が登場し、東北開発は新たな段階に入ったと喧伝された。しかし、そのもとで策定された東北開発促進計画は、中間年次の1963年にその年までの計画を達成できなかったどころか、主要目標の数値は開始年次の1958年を下廻る有様であった。

　そして、国土総合開発法の制定から12年を経た1962年10月5日にようやく全国総合開発計画が閣議決定され、全総ということばが一世を風靡したが、先行した東北開発促進計画との矛盾が露呈する。全総は新全総・三全総・四全総と展開するなかで東北開発促進計画も組み替えられ、二転三転させられるところとなり、その間にかつて無限もしくは厖大であったはずの東北地方の鉱産資源など取るに足らないものとして、開発は放棄されることになる。高度成長の進行のなかでそれだけ日本経済の規模が巨大化したといえるが、それは1963年4月に鳴り物入りで創立されながら、操業にいたらずに1965年5月27日に解散したむつ製鉄株式会社（青森県）の経緯に象徴されている。なお、むつ製鉄を主導した東北開発株式会社も、1986年10月6日の東北開発株式会社法の廃止によって民

営化されたのち、1991年（平成3）10月1日に三菱マテリアル株式会社に吸収合併されて姿を消すことになる。

　1985年（昭和60）9月のプラザ合意以降、円高の進行とともに東北地方の食糧・労働力・鉱産資源の供給地としての役割は失われる。1987年6月30日の閣議決定の四全総のもと、それとの調整のうえ策定された第4次東北開発促進計画において第二首都とか第二国土軸ということがいわれ、新たな国土形成に東北の果たす役割として首都移転を含めて何らかの期待がもたらされるかにみえた。しかし、現実には必要性の薄れた東北地方になお残されたのは、原子力発電所などエネルギー基地や産業廃棄物処理施設の設置場所、あるいは環境破壊を顧みないリゾート開発ということになり兼ねず、改めて地域住民の本当に必要なものは何かを踏まえた内からの開発を求めなければならない段階を迎えるにいたっていたのである。

　さらに、1999年（平成11）6月11日の北海道東北開発公庫法の廃止によって、北海道苫小牧東部開発と青森県下北開発で巨大赤字を抱えていた北海道東北開発公庫は日本開発銀行に吸収合併され、2010年（平成22）2月から日本政策投資銀行となっている。さらに東北開発促進法も2005年（平成15）7月に国土総合開発法とともに廃止されている。このような形での全総時代の終焉と軌を一にして東北開発三法時代は終わりを告げ、いわば東北開発“無法”時代となる。

［参考文献］
渡辺男二郎『東北開発の展開とその資料』（私家版、1972年）
岩本由輝「東北開発を考える―内からの開発・外からの開発―」（東北学院大学史学科編『歴史のなかの東北―日本の東北・アジアの東北―』河出書房新社、1998年）
岩本由輝『東北地域産業史―伝統文化を背景に―』（刀水書房、2002年）
岩本由輝『東北開発一二〇年』（刀水書房、初版1994年、増補版2009年）

09.

原子力発電所と
東日本大震災

東電福島原発の誘致に向けて

　本章では、なぜ戦後福島県に原子力発電所の建設が集中したのか、政府、東京電力、そして福島県や県下自治体をアクターとしながら、その思惑の一致の過程をみていきたい。

　東北開発三法がめざましい成果を挙げないままに推移するなかで、原子力発電は1954年（昭和29）3月の国会に上程された1954年度予算に原子力関係費目が計上されたことに始まり、1955年11月14日に日米原子力協定が締結され、12月19日に原子力基本法、原子力委員会設置法、総理府設置法の一部を改正する法律（原子力局の創設）の原子力三法が公布されるという形で、法的整備が進められていった。一方この間、東京電力株式会社は1955年11月11日、社内に原子力発電委員会を開設し、11月1日、社長室に原子力発電課を発足させる。この時点で東京電力は送電効率などを考慮し、首都圏から近からず遠からずということで、福島県内を念頭に原子力発電所の開設計画を描いており、自社の電力供給圏内での立地などは当初から想定すらされていなかった。

　1956年1月1日、総理府に原子力局および原子力委員会が開設され、3月1日、社団法人日本原子力会議が発足し、ただちに福島県との交渉が行われた。当時の県知事佐藤善一郎（さとうぜんいちろう）は"原子力の平和利用"という謳い文句（うたもんく）に惹かれ、1958年に商工労働部開発課に原子力発電に関する調査を命じ、県の企画開発担当者に双葉郡（ふたばぐん）内の数ヵ所について原子力発電所の誘致

を前提とした検討を進めさせた。その結果、双葉郡大熊町と双葉町にわたる太平洋に面した海岸段丘上の旧陸軍航空隊基地で、敗戦後、一時塩田として使われた約190㎡の平坦地を有力地点とする誘致案が東京電力に提示された。

　こうした打診を今や遅しと待ち受けていた東京電力は早速、大熊町および双葉町と交渉を開始した。そして、大熊町は1961年9月19日の臨時町議会において、東京電力の原子力発電所の誘致決議を満場一致で可決するとともに、町議会に原子力発電所建設特別委員会を設けた。9月30日の臨時町議会では、町長および町議会議長以下16名の町議会議員が連署した、東京電力原子力発電所に必要な用地は当町の責任において一切引き受け、円満に買収するという誓約書まで作っている。また、双葉町でも、同年12月22日の臨時町議会において原子力発電所の誘致決議がなされ、以降着々と誘致作業が進められていったのである。

　たとえば、大熊町では1963年11月5日の臨時町議会においてそれまでの原子力発電所建設特別委員会にかわって、原子力発電所建設促進特別委員会を設置する。これは、東京電力の原発が大熊町大字夫沢字北原地内に建設することが内定したのに対応するものであった。

　このようにして、それまで1898年に日本鉄道海岸線（現JR常磐線）の開通はあったものの、およそ開発といったことに縁の薄かった福島県双葉地方に、いわば時代の先端を行く原発が持ち込まれることになった。だが、これはもはや東北開発といったレベルに留まらない、今後の国のエネルギー政策の根幹にかかわるものとしての重要な画期をなすものであった。ただ、この間、破綻寸前の状態にあった大熊町の財政が、1963年度から64年度にかけて自力再建され、65年度に入って飛躍するにいたったカラクリはあらためて検討されてしかるべきであろう。

　ちなみに、大熊町では1965年3月12日の定例町議会において、原子力発電所建設特別委員会を大熊町総合開発計画特別委員会に切り替える決

議を行っている。こうした大熊町の原発誘致の一連の過程は、地元の積極的な誘致に黙しがたく進出したという形式をとりたがっていた東京電力の望むところであった。進出先で何か問題が発生したような場合、切ることのできるカードを求めていた東京電力にとって、大熊町の誘致への積極的な姿勢はまさに好ましいものであったのである。

東電福島原発の建設

ここで双葉郡大熊町と双葉町の沿革をみておこう。

まず、大熊町は1954年11月1日に熊町村と大野村が合併して町制を施行したのであるが、その夫沢地区に東京電力福島第一原子力発電所の第2号炉から第6号炉が存在する。

つぎに双葉町は1951年4月1日に新山村と長塚村が合併して標葉町となり、それが1956年4月1日に双葉町と改称したのであるが、その細谷地区に東京電力福島第一原子力発電所の第1号炉が存在する。ただ、双葉町についてややこしいのは、1950年5月1日に双葉郡上岡村が町制施行して双葉町となっていることであるが、この双葉町は1955年3月31日に富岡町に合併して消滅している。現双葉町は、標葉町がこの双葉町が消滅して1年後に改称したものであることを知っておかないと、統計数字を『福島県統計書』などから町村別に抽出しようとするとき無用な混乱をひきおこすことになる。

このようにして成立した大熊町と双葉町であるが、大熊町の場合、発足と同時に町名変更要求に見舞われたり、合併前から存在した分町問題がからんで複雑な様相を呈した。そこには旧大野村と旧熊町村とが合併にさいしてそれぞれの赤字を持ちこんでいたことから、町の財政はきわめて劣悪で、合併して大熊町ができてしまったこと自体が失敗であったという不満の声が高まっていた。それでも、大熊町は1955年3月12日の定例町議会で「都市計画法に基き大熊町を富岡都市計画区域に編入するものであ

る」との決議を行っており、さらなる合併によって苦境を切り抜けようと
しているが、相手のあることでままにならないままに終始した。このあと
大熊町は、1958年2月に新市町村建設促進法第5条第1項に依拠して新
市町村建設基本計画書を策定しているが、冒頭の基本計画の構想のなか
で、「地上、地下資源及び立地条件及び既往の政策からおし計るに、大工
業、事業所の誘致は至難であり、労働力の余剰はその多寡の度合を勘考
し、町営事業を悉皆失業対策化して、その救済を図る」といい、労働力の
余剰に関しては「二三男の対策に重点を置き、就業職の斡旋、海外移民
等、町外への発展を図る」と記さなければならない状況であった。

　ちなみに、この時点では原子力発電所の誘致ということはまったく視野
には入っていない。なお、この時期に海外移民というと異に感ずる向きが
あるかも知れないが、現双葉町をはさむ形で北に位置する双葉郡浪江町に
おいて、1910年代から1930年代にかけて単一町村では日本一といわれ
る数のブラジル移民を送出しており、1952年の対日講和条約の発効後、
その成功者の一世あるいは二世が故郷に錦を飾る形で一時帰国し、近隣の
人々に羨望のまなざしでみられる現実があって、その手づるでの移民も行
われていたのである。

　このように、労働力余剰の解消のために海外移民まで考えなければなら
ない大熊町に、1961年に東京電力福島原子力発電所誘致の話が持ちこま
れると、すでにみたような形で町議会はこれを迎える決議をし、また大熊
町ほど緊迫した問題を抱えていなかった双葉町も町議会で誘致に踏み切っ
たのである。

　東京電力福島原子力発電所の第1号炉の設置許可申請は1966年7月に
提出されるが、同年11月に認可されると、東京電力はその建設工事に着
手し、1968年4月、原子炉圧力容器の据え付けを完了し、1970年11
月から試運転を重ね、1971年3月に営業運転を開始している。東京電力
福島原子力発電所が置かれたのは、すでにみたように大熊町大字夫沢地内

であるが、厳密にいうと第1号炉そのものが置かれた地籍は双葉町細谷<small>ほそや</small>に属している。そして、これらの土地は元陸軍航空隊磐城<small>いわき</small>分隊飛行場跡地であった。それが東京電力福島原子力発電所となるまでの経緯をみておく必要がある。

　東北振興調査会が東北興業株式会社という国策会社を設立したことはさきに述べたが、その東北興業が1944年6月1日、相馬郡駒ヶ嶺村<small>こまがみね</small>（現新地町<small>しんちまち</small>）に釘本衛雄<small>くぎもともりお</small>を社長として設立されていた相馬塩業株式会社を投資会社として取り込んでいる。相馬塩業は太平洋戦争中、食塩不足が深刻化するなかで、1942年7月の製塩禁止区域撤廃という塩専売法臨時特例にもとづいて設立され、1909年に藩政期以来の旧仙台藩・中村藩に属した塩田が廃止され、1940年までに干拓工事を竣工させていた旧新沼浦<small>にいぬまうら</small>の一部を砂層貫流式塩田として復活させようとして、政府から三重効用真空装置を支給されていた。しかし、戦時中には操業までに至らず、1945年3月には社長の釘本が福島市長に就任したことから、社長不在のまま敗戦を迎えた。

　そこに登場してきたのが、同年12月、国土計画興業株式会社（のち、国土計画株式会社、さらに株式会社コクド、2006年12月、グループ再編で解散）社長であった堤康次郎<small>つつみやすじろう</small>である。堤が相馬塩業の代表取締役として乗り込んで来た結果、相馬塩業と東北興業との関係は消滅する。堤は当時、西武農業鉄道株式会社（現西武鉄道株式会社）や武蔵野食糧株式会社（現株式会社西武百貨店）の社主（社長ではない）であったが、1948年には国土計画興業は相馬塩業に見切りをつけ、相馬塩業は休眠会社となる。

　このあと、堤の国土計画興業は、さきの元陸軍航空隊磐城分隊飛行場跡地に着目することになる。同跡地は、1946年に福島県が作成した「元軍用地計画表」では開墾不可能地とされ、塩田として使用する以外にないとされていた。しかし、1947年春、仁田為信が磐城塩田興業株式会社を設立し、飛行場跡地30数町歩を入手して砂層貫流式塩田を作り、そこで得

られた鹹水を西方4km地点の双葉郡長塚村（現双葉町）の常磐線長塚駅（現双葉駅）前の蒸気利用式製塩装置2基を備えた製塩場（本社）までパイプ輸送して製塩を行っていた。1948年になると、相馬塩業に見切りをつけた堤がその経営に乗り出し、同年の「長塚村役場統計課工業統計綴」によれば、磐城塩田興業は国土計画興業磐城塩業所となっている。

国土計画興業は、その後も飛行場跡地およびその周辺を塩田用に買収を続け、その所有塩田は30万坪に達したが、1954年には磐城塩業所は製塩の本格的操業をあきらめ、塩田30万坪は事実上遊休地と化した。国土計画興業が最終的に磐城塩業所廃止の手続きをとったのは、1954年10月1日のことであった。そして、この時期は国から福島県に対して原子力発電所誘致に関する打診が始められたときであった。この後、1957年10月に国土計画興業の代表取締役は、堤康次郎からその3男の堤義明にかわっている。

こうして1961年になると、東京電力株式会社の原子力発電所誘致が具体化する。福島県ではこの年、福島県開発公社を発足させる。東京電力は1962年に原子力発電所候補地の水質・機構・地質・海浜・交通・人口などの調査を福島県開発公社に依頼する。そして、福島県開発公社の調査結果にもとづき旧陸軍航空隊飛行場跡地およびその周辺が原子力発電所の適地と判断した東京電力は、さっそく用地の買収に乗り出した。そのさい、所要総面積96万坪のうち、旧飛行場跡地である国土計画興業株式会社所有地30万坪については東京電力が直接交渉にあたることとし、一般民有地第1期分30万坪および第2期分36万坪の計66万坪の取得については、1963年10月に福島県が東京電力から斡旋を依頼され、実施業務は福島県開発公社が担当することとなった。なお、具体的に地権者との間で用地買収交渉が始まったのは1963年12月1日のことであったが、1964年5月、福島県開発公社は大熊町と双葉町の町議会議員により構成された両町合同の開発特別委員会に用地買収についての基本方針を説明し、協力を

求めるにいたる。その過程で地権者に対する交渉方法として、公社と町の共同体制であたることに決している。

　福島県開発公社は、実際の交渉において両町合同開発特別委員会、地権者代表および両町長の三者を相手に話し合いを進めたが、長引けば問題が続出すると判断し、1964年7月、公民館に大熊町の地権者290名を集め、大熊町長立ち会いのもとに個々に折衝した結果、全員の承諾を取っている。1965年になると、東京電力から大熊町 長 者原地区北側の双葉町地籍内に30万坪の用地拡大希望が出されたが、双葉町の地権者は大熊町の地権者との交渉を肯定的に受け止めていたので、その承諾書の取り付けも円滑に行われた。

　東京電力は1966年12月から福島原子力発電所の建設工事に着手し、1971年3月26日に1号機出力46万kwの運転開始を皮切りに、1974年7月18日2号機出力78万4000kw、1976年3月27日に3号機出力78万4000kw、1976年4月18日に5号機出力78万4000kw、1976年10月14日に4号機出力78万4000kw、1979年10月24日に6号機出力110万kwで、それぞれ運転開始をしたことで、合計出力469万6000kwとなっている。この間、2号機の運転開始を前にした1974年6月1日に福島原子力発電所は、福島第一原子力発電所と改名されているが、これはその時点で双葉郡楢葉町から富岡町にかけて福島第二原子力発電所が建設されることになったからであった。ちなみに福島第二原子力発電所の運転開始がなされたのは、1982年のことである。

　このように福島県下に原子力発電所が建設されたのは、政府のエネルギー政策、東京電力と国土計画興業の事業計画、そして設置自治体の思惑が一致したからに他ならなかった。

　原子力発電所は巨大なエネルギーを生み出す。しかし、原子力の制御は難しい。放射能など、現在の科学技術をもってしても、人間はそれを完全に自分のものとすることができないでいる。もしできていると思い、原子

力発電所は絶対安全と考えているとしたら、それはその人間のおごりに過ぎない。いつ人間の制御を離れて飛び出すか予測のつかない状態にあるわけであるから、気のゆるみがあればたちまち取り返しのつかない事故につながるのである。

　福島第一原子力発電所では、1973年6月25日午後4時32分に、作業員のミスで放射性廃液貯蔵庫から中レベルの放射性廃液がその建物外に流出するという日本の原子力発電始まって以来の事故が起き、当時の仙台通産局の検査官による国の特別保安監査を受けている。東京電力では、事故発生とともに放射能で汚染した土を除去するとともに、建物内の廃液を含んだ水を処理し、これら作業に従事した作業員の被曝線量も安全基準を超えたものではなかったと報告しているが、この間、事故の発生について大熊町や双葉町に何の連絡もしていなかったのである。

　1973年6月25日の東京電力福島第一原子力発電所の事故のあと、1979年3月28日にはアメリカ合衆国ペンシルベニア州のスリーマイル島の原発事故や、1986年4月26日には旧ソヴィエト連邦のチェルノヴィリ原発事故など大きな原発事故が起きている。原発事故は放射性物質の飛散を招く公算の大きいものであるが、やがて東京電力福島第一原子力発電所もその危険性を実証することになる。

［参考文献］
『飯舘村史』第1巻・通史（福島県相馬郡飯舘村、1979年）
『大熊町史』第1巻・通史（福島県双葉郡大熊町、1985年）
岩本由輝『東北開発一二〇年史』（刀水書房、初版1994年、増補版2009年）
岩本由輝「東北開発と原発事故をめぐって」（松本武祝編『東北地方「開発」の系譜―近代の産業振興策から東日本大震災まで―』明石書店、2015年）
岩本由輝「近代東北の『開発』と福島原発事故」（東北史学会・福島大学史学会・公益財団法人史学会編『東北史を開く』山川出版社、2015年）
岩本由輝「東電福島第一原発に大熊町と双葉町が睥睨されるまで―設立経緯と内包された問題―」（日本村落研究学会企画・植田今日子編『災害と村落』農山漁村文化協会、2015年）

10.

離島にみる
地域振興と観光化

高度経済成長と
農山漁村の衰退

　「もはや戦後ではない」と謳ったのは1956年（昭和31）の経済白書である。神武景気（1955～57年）、岩戸景気（1958～61年）、いざなぎ景気（1965～70年）とつづく急速な経済成長の時代は、総じて高度経済成長期と呼ばれる。日米相互協力及び安全保障条約（いわゆる新安保条約）をめぐる一連の闘争の後に成立し、戦後日本の国際社会への参画をひろく知らしめたとされる東京オリンピックを実施した後に退陣した池田勇人内閣は、「所得倍増」すなわち10年後を目標に国民総生産を2倍に拡大し、人々の所得水準を欧米並みに高める計画を打ち出した。池田内閣とその方向を引き継いだ佐藤栄作内閣によって推進された、積極的な財政金融政策、臨海工業地帯の開発と産業構造の高度化、輸出の促進などを通じて、日本は経済大国の仲間入りを果たした。

　この時代、第1次産業を担ってきた農村・漁村・山村では、人口減少、高齢化率の上昇、第1次産業の衰退、医療・福祉や交通インフラ整備の格差などが顕在化した。現代に引き継がれるこうした地域社会が抱える課題は、全国的に共通するものであるが、それがとくに先鋭的にあらわれる地域が離島である。

　離島は、高度経済成長期において、運輸・交通の中心が船舶から鉄道や自動車に転換することによって、経済的にも文化的にも時流に取り残され、とりわけ働く世代の本土への流出は社会発展の基盤を失う結果とな

り、深刻な問題となっていた。こうした情勢を受け、1953年、全国離島振興協議会が結成され、離島振興法が成立した。日本は島国であり、すべてが島嶼で構成された国である。離島振興法での離島の定義は、本州、北海道、四国、九州を本土と位置づけ、それ以外の有人島のうち、沖縄、奄美群島、小笠原諸島を除いた（これらについては別の法律で対象とされている）離島のうち振興対象に指定されたものをいう。

　一方で、離島の多くは観光業をはじめとする第三次産業に依存していることが多い。しかし、レジャー施設の開発などは流行に左右される要素が大きい。現代では、持続可能な観光といった考え方にもとづき、もともと離島が魅力として持っている作物や漁獲物等に対し、自然との共生や地域文化との関連性などによって高い付加価値をつけたり、生産者と消費者を直接結びつけたり、都会にはない心の豊かさなどを発信したりして、産業振興を図ろうとする動きがある。

時代に翻弄される離島

　　離島の経験した近現代の推移について、事例をあげて紹介してみたい。例として挙げるのは、宮城県石巻市の牡鹿半島の南沖に位置する周囲11km余りの田代島（たしろじま）である。田代島の現在の人口は80名足らず、小学校も郵便局もその歴史を閉じ、診療所には常勤の医師はいない。典型的な限界集落のすがたをここに見るが、かつては賑やかで活気あふれる島であった。

　近世の田代島は仙台藩の流刑地であった。しかし幕末には平塚八太夫が貿易の本拠を田代島に置き、東北と蝦夷地との買積船を経営し、田代島は貿易港として栄えた。そして得られた富を漁業に振り向けていった。もともと世界三大漁場のひとつである石巻金華山（きんかざん）沖に近い位置にある田代島は、絶好の漁場であり、大規模な定置網と沖合漁業の両方で発展することができた。昭和前期における島の暮らしの典型は、島の男性は遠洋漁業に出て行き、女性は家事、子育て、畑仕事に加え、養蚕や沿岸漁業、磯での

漁にかかわることができ、小遣いを稼ぐこともできるといったものであったそうである。遠洋漁業が華々しかった時代、田代島は仕事には事欠かない、"働く人々の島" であった。

　ところが、高度経済成長期に入ると、隣接する石巻市や塩竈市、仙台市などの商工業が大きく発展した。豊富な海洋資源に容易にアクセスできるにもかかわらず、島の第一次産業は急速に衰退し、田代島からの人口流出が進んでいった。島の産業が遠洋漁業をはじめとする水産業から観光業を中心とする第三次産業へと移行していくなか、離島の地域振興は行政の重要な課題のひとつとなっていった。

　前述の離島振興法において、田代島は1957年（昭和32）に指定を受けた。宮城県における離島振興対策実施地域は、気仙沼の大島地域、牡鹿諸島地域、裏戸諸島地域となっている。そのすべてに共通しているのは、本土との距離が比較的近く、人々の生活は沿岸の町場に深く依存しており、さらに船による通勤、通学の困難さや、仕事を求めて若者が定着しにくいことから、昭和30年代をピークに島は急激な人口減少と高齢化に悩まされるようになっていったという点にある。

離島の観光開発

　田代島の観光開発は、おもに次の3つの枠組みで進められてきた。

　1つめは、漫画家の石ノ森章太郎の顕彰に関わる動きである。1996年、石巻市は地域にゆかりの深い石ノ森章太郎を顕彰するため、「マンガランド構想」を打ち出した。昭和後期の田代島は、林間学校や学校等の野外活動の場として、また田代島自然教育センターやポケット・ビーチを拠点としたアウトドアやレジャーを楽しむ場として、観光業に力を入れてきた。その発展が頭打ちとなった1990年代、石巻市は新たな魅力作りとしてマンガのキャラクターを使った活性化策を展開したのである。

　2つめに、島の魅力再発見の動きである。2003〜04年（平成15〜

16）、国土交通省が実施した「島づくりサポーター支援に関する調査」において、島の魅力として発信できるものを探す「あるもの探し」が住民参加で行われた。このときいわば「発見」されたのがネコであった。もとはネズミ駆除のために島で飼われていたネコは、産業が観光業等へと移行するなかでペットとなっていった。その後本土に移住する人が増え、家ネコと野良ネコの中間にあるような地域ネコが増えていったというのが実際のところである。

　田代島とそれに隣接する網地島には、もともと猫に関する口頭伝承が戦前から記録されてきた。例えば、島の小学校教員の小野喜惣治が記した郷土研究の書である『田代管見記』（私家版、1888年）には、島に棲むイヌのような大きさの山猫が夜な夜な徘徊し、夜鳴きする幼児は山猫が来ると泣き止むという伝承を紹介している。また、『旅と伝説　五月特大号』（三元社、1930年）に掲載された中道等「牡鹿半島の昔話」には、網地島の例としてマグロの大漁時に村人が「大怪猫」に対してマグロを供える話を紹介している。島では、猫神を祀った祠に初漁の際にマグロのホシ（心臓）を供えたという話は現在でも聞くことができる。そして、島の大規模定置網（大謀網）の繁栄を願って、地域では猫を神として祀るようになった。また、ネコを虐めて祟りにあう話や、ネコが人に化けて島から本土へと船で渡るといった笑い話などもある。山猫にまつわる口頭伝承と、漁を招くまじないとしてマグロを猫神に供える風習等があったことから、ネコは島の活性化のシンボルとして位置づけられていったのである。さらに、テレビ局の企画によって生み出された名物ネコの存在や、インター

図60　『旅と伝説』（1935年〈昭和10〉）表紙

ネットにおけるソーシャル・メディアでの話題づくりなどから、田代島は "猫の楽園" あるいは、"猫島" として、全国のネコ愛好家の注目を集めるようになった。

　3つめは、網地島と結びつけた定住促進策としての動きである。2005年（平成17）、石巻市は隣接する6つの町と広域合併した。このとき、もともと石巻市に含まれていた田代島と、牡鹿町の網地島の両島が、石巻市に組み込まれることとなった。そこで合併を機に2つの島を包括的にとらえ、離島振興の枠組みから定住促進を視野に入れた枠組みに移行する「愛ランドプラン」が、石巻市によって打ち出されたのである。

　2011年の東日本大震災では、田代島の養殖業や港湾部を中心に大きな被害を受けた。震災後には、有志で立ち上げた一般社団法人田代島にゃんこ共和国による「田代島にゃんこ・ザ・プロジェクト」などが、地域産業とネコの魅力発信等の活動を行うなど、復興にむけた活動も見られる。

東日本大震災と三陸の復興

　これまで見てきたように、田代島は流刑地→遠洋漁業の基地→沿岸漁業の漁村と時代ごとにさまざまな顔を持ってきた。さらに、アウトドアやレジャーの場として開発が進められてきた一方で、猫島として知られるようになった。しかし、こうしたイメージ付けだけでは、すぐにその発展が行き詰まることは目に見えている。現在の田代島の主要な産業は大謀網（大型定置網）、刺し網漁等の沿岸漁業、カキの浅海養殖業である。東日本大震災以降の人口流出は甚だしく、地域コミュニティの維持すら危ぶまれているのが現状でもある。地域の復興には、これまでこの地域が行ってきた生業を安定的に営めるように工夫しつつも、同時にその暮らしや自然環境に対して共感を抱いてもらうような枠組みが不可欠である。

　その取り組みとして、三陸復興国立公園の整備が進められている。これはもともと指定されていた陸中海岸国立公園に、青森県の種差海岸階上

図61 三陸復興国立公園

岳県立公園、八戸市鮫町、 南 三陸金華山国定公園を編入したうえで改称
されたもので、南北の直線延長は約250kmにおよぶ。環境省は2012
年、東日本大震災からの復興に貢献するため、三陸復興国立公園の創設を
核としたグリーン復興のビジョンを公表した。そこには「里山・里海フィ
ールドミュージアムと施設整備」、「復興エコツーリズム」、南北の交流を
深める道としての「東北海岸トレイル」、森・里・川・海のつながりの再
生、持続可能な社会を担う人づくり（ESD）の推進、地震・津波による自
然環境の影響を調査する「自然環境モニタリング」などが活動に盛り込ま
れている。

　この国立公園の画期的な点は、従来の国立公園が保護してきた「地形・
地質」、「植生・野生生物」等に加え、「文化景観」を重要な構成要素と位
置づけていることにある。"草木1本持ち出してはいけない"といった自
然保護ではなく、人の暮らしや天然資源の獲得と利用、そこにはぐくまれ
た地域コミュニティの営みと、信仰や願いといった精神文化をも包括しよ
うとしているのである。

　半島や離島の復興には、三陸の自然地形と天然資源、それらに対する
人々が培ってきた知識や技術を生かして、第一次産業を再び活気あるもの

にすることが重要である。それに加え、この地域におけるこれまでの暮らしの営みと文化と、復興後の生活様式とを、地続き感あるものにしていくことが求められる。三陸の沿岸地域は、近現代を通じてそれぞれの時代の波に翻弄されてきた。しかし、逆にみればその時代の時流に適ったものを模索し、創造性を発揮しながら生計を維持してきたともいえる。浮き沈みの激しい地域だからこそ、人々は新たなことにも挑戦してきた。生活再建への道筋を行政がお膳立てするのみならず、もともとこの地域の人々が発揮してきた創造性や柔軟性、したたかさも、震災復興の鍵となるのではなかろうか。

11.

東日本大震災の
被災地における民俗行事の
「復活」とは何だったのか？

　東日本大震災から1年を経た2012年4月15日、宮城県本吉郡 南三陸町戸倉波伝谷地区（以下、「波伝谷」と記す）で、春祈禱と呼ばれる民俗行事が「復活」した。このような、がれきも残り、暮らしの再建もままならない状況の中、民俗行事や民俗芸能が次々と「復活」する現象が、被災地のいたるところでみられ、今回の震災後の動きの中で、大きな特徴ともなっている。

　これらの現象をいかに理解すべきか。マスコミや研究者の中には、コミュニティが残ったとか、困難を乗り越えて続けられる「民俗」の力といった、震災前との連続性・不変性で説明されることが多かった。しかし、壊滅的な被害を受けた状況の中、本当に連続性・不変性だけで、これらの現象を説明してもよいのか。そこで、ここでは先の波伝谷の事例を通して、震災前の暮らしにも目を向けつつ、東日本大震災の被災地で、なぜ民俗行事が「復活」したのか、その意味について考えてみたい。

震災前における
被災地の暮らしの特質

　波伝谷の集落は、リアス式海岸で知られる三陸沿岸の南部、志津川湾南岸の戸倉半島に位置し、近世期には水戸辺村、近代に入ると戸倉村に、1955年には志津川町、さらに2005年には南三陸町に編入され、現在に至っている。2000年の農林業センサスによれば、82世帯、284人が確認でき、震災直前には76世帯が暮らしを営んでいた。

　生業をみてみると、カキ・ホヤを中心とした養殖業と農業が中心であっ

た。特に、養殖業は盛んで、またウニ漁やアワビ漁を行い、自らを漁師と称する人も多いことから、表面的には漁村のようにみえる。しかし、養殖業に従事しない家もあり、農業とのバランスもさまざまであった。

この養殖業の開始についてはチリ地震津波以降とされ、それ以前は養蚕業が主であった。さらに、近世期には製塩業が盛んで、そこで使用される薪確保のための山林利用も行われていた。

このように、波伝谷の生業をみると、きわめて多様で各時代のニーズに合わせ、陸上、海上を問わず、身近な資源を最大限に活用し、変化の中で暮らしが営まれてきたことがわかる。また、その経営に関しては、各家の独立性がきわめて高く、自営業者の集まりのようであった。

村落運営の組織では、契約講の存在は注目される。その成立は1876年とされ、集落の祭りや生業、村落運営に深く関わり、その代表たる講長は行政区長の任命、三役と呼ばれる副講長・会計とともに行政との折衝を行うなど、まさに波伝谷の代表ともいうべき存在であった。その集まりである総会は、3月第2土曜日と10月第4日曜日の年2回開かれ、各家からカトク（家督）と呼ばれる既婚の男性1名が出席し、生活上の互助のほか、ときには激しい議論になるなど、公共事業や地域の資源利用における家々の利害調整の場としての役割も担っていた。なお、ほかに新しい分家や移住者による親興会、波伝谷会もあった。

波伝谷の祭りで注目されるのが、春祈禱である。契約講の春の総会の翌日に行われ、春を迎えるにあたって、若者が担当する獅子が各家を回り、獅子舞によって集落中の厄災を祓っていくというものであった。およそ全戸・全世代が関わり、異世代間の交流の機会となるなど、波伝谷の人びとをつなぐ重要な行事として位置づけられ、さらに震災前には親興会・波伝谷会も協力するなど、まさに波伝谷を代表する行事であった。

このように、震災前の波伝谷では、各家の独立性が顕著な生業、その家々の利害調整の場としての契約講、そして人びとをつなぐ機会としての

春祈禱を軸に、時代の変化に合わせて暮らしが営まれていたのである。

震災による被害の状況と避難生活

　　2011年3月11日の東日本大震災は、津波による甚大な被害をもたらした。波伝谷も例外ではなく、高台にあった1戸を残し、全戸流出。残った1戸も全壊であった。津波による犠牲は16名で、その後の混乱の中、2名が亡くなる。養殖業の被害は、戸倉地区全体のカキ・ワカメ・ホタテだけで約11億5000万円、ホヤを含めるとそれ以上であった。また、高台の畑を除き、ほとんどの農地も津波にのまれ、生業の基盤も完全に破壊されてしまう。

　震災直後、近くの高台に避難していた人びとも、翌日には宮城県志津川自然の家に集まりはじめ、大部分が波伝谷の人であったことから、3日後には契約講長や区長を中心に作業分担がはじまり、1週間後あたりに役場職員が来ると物資班や給食班などの役割がはっきりし、何事もスムーズにいくようになったという。震災前の波伝谷の村落運営の経験を活かし、共同避難生活がスタートした。

図62　津波で破壊された港の施設

しかし、数週間経つと、この避難所も閉鎖されるとの噂が広がり、行政の指示もあって、4月4日には大崎市や登米市など内陸部への遠隔地避難がはじまる。大部分の人はこれに従ったが、将来的に波伝谷で暮らす意思を持つ家では、必ず1名がそのまま残ったという。いずれにしても、波伝谷の人びとは、バラバラの避難生活を余儀なくされる。

　ところで、親興会・波伝谷会はすでに解散していたが、契約講も遠隔地避難が始まる直前の4月1日に講員が集まり、すべての財産を津波で失ってしまった今、今後に役立てようと共有財産の定期預金を解約・分配して、休講ということになった。このように、村落組織も含め、波伝谷における震災前の暮らしは、完全に消滅することになるのである。

仮設住宅の完成と暮らしの再構築に向けて

　5月に入ると、仮設住宅も早い所では完成し入居もはじまるが、必ずしも集落単位ではなかった。しかし、私有地の高台でも5戸分ぐらいあれば可能ということで集落内に18戸が建設され、8月に波伝谷仮設住宅が完成。特に、その談話室（集会所）は他の仮設住宅に住む人も利用し、波伝谷の人びとの結集の場が誕生することになった。

　また、高台への集団移転の問題が重要な関心事になると、行政との折衝も必要になることから、契約講の存在が意識されはじめ、10月には臨時総会が、2012年3月4日には春の総会が開催され、新役員も承認され、再出発することになった。各家の利害調整・行政との折衝機能を持つ震災前の契約講に期待し活用しようとした結果であった。

　一方、生業についても、5月から6月にかけて、残った船を使って海の被害状況の調査やがれきの撤去作業が、並行して7月にはワカメの種づくりやカキ養殖再開の準備もはじめられる。このように、波伝谷では震災前の暮らしをモデルに生活再建に進もうとしていたのである。

復興支援事業による混乱

　このような中、復興支援事業「がんばる養殖」が本格的に開始される。これは2011年度第3次補正予算により措置された対策で、震災で壊滅的な被害を受けた被災地域の養殖業について、共同化による生産の早期再開と経営再建の取り組みに対して支援を行う事業である。

　そもそも、この話はすでに8月から9月頃には話に出ていて、採用するに当たっては相当混乱し、なかなか結論は出なかった。特に問題となったのは、集落単位の共同作業を前提としていた点であった。震災前の波伝谷の養殖業は家を単位とした個人経営に近いもので、それが共同作業による給与制になることは、同じ養殖業といっても転職に近く抵抗があった。それでも、採用したのは養殖資材や船の提供、赤字の補填のほか、事業終了後すべて受け取ることができるからである。激甚災害の補助は立替払いで対象となる金額の割合も低く、すぐに仕事をはじめようとすると、これしかなかった。2012年2月、実際に動きはじめると、各家の方法がぶつかり合い、もめることもあった。効率化をめざした共同作業化が、逆に地域の結束を崩すことになったのである。波伝谷の暮らしの基盤は家であったが、これを完全に無視した形で集落単位の新たな事業が上から押し付けられた結果、混乱するのは当然のことであった。

春祈禱の「復活」

　このような混乱の中、春祈禱「復活」の話が持ち上がる。きっかけは、ある人が春祈禱を通して震災前の暮らしを思い出し、涙を流したという話が伝わり、バラバラになった人びとをもう一度結びつけるため、若者たちの間でやろうという話になったことが大きい。

　震災当時、獅子頭は高台にある戸倉神社の本殿に安置されていたため無事だったが、その他の道具類はすべて津波に流され、これらをどうするか

が大きな課題となった。若者たちは、結束を図るため費用を波伝谷の人び
とだけで負担する方向で進めようとしたが、契約講の講長をはじめとする
三役は、被災した状況の中での費用負担は非常に厳しく、やはり支援は必
要だと考え、若者たちとは別に動き出す。両者の考え方の違いもあって、
ときには混乱することもあったが、最終的には外部からの支援によりすべ
ての道具類が揃い、冒頭でも述べたように、本来の日程より1ヵ月遅れ
の4月15日の戸倉神社の春祭りの日に行われることになった。

　当日は、波伝谷仮設住宅の集会所から戸倉神社に向かい参拝、集落の東
の境を出発後、波伝谷の人が住む各仮設住宅や漁協の仮事務所、共同避難
生活を送った宮城県志津川自然の家、津波の被害を免れた魔王神社等で神
事の奉納と獅子舞を舞い、西側の境で舞った後、波伝谷漁港で榊を流し、
最後に戸倉神社に戻ってきて参拝後、解散となった。

　各仮設住宅では、女性たちが食事の準備をし、若者たちによる獅子が舞
い、そこに波伝谷の人たちが多く集まって、和やかな雰囲気の中で楽しそ
うに笑顔で歓談する姿は、震災前に戻ったかのようで、とても印象的であ

った。

　このように、春祈禱の「復活」とは、震災による暮らしの喪失、復興支援事業の混乱の中、波伝谷の人びとを再び結びつける機会として、震災前の民俗を活用する形で、新たに創り出されたものだった。震災前のものが残ったのではなく、震災状況下での対応だったのである。このように、民俗は地域の暮らしの状況と密接に関連しており、表面的な印象だけではなく、その背景も含めて詳細に検討しなければ、偏った理解になってしまうことを、この波伝谷の事例は物語っているのである。

［参考文献］
政岡伸洋「地域の暮らしと復興の課題」（『学術の動向』18-22、2013年）

コラム **08**

情報との向き合い方
より深い学習のために
●●●●●●●●●●●●

　現代は、情報過多あるいは情報爆発の時代と呼ばれる。世界中のコンピュータに蓄積されるデータ量は2018年には33ゼタバイト（1ゼタバイトは1兆ギガバイト）、2025年には175ゼタバイトに上るという（IDC, 2018）。また、インターネットの通信量も、2017年の1.5ゼタバイトから2022年には4.8ゼタバイトに達すると予測されている（Cisco, 2019）。

　文化史家のアン・ブレアによれば、情報が多すぎるという悩みは少なくとも紀元1世紀まで遡ることができ、学問に携わる者は常に情報に圧倒されていることに不満を語ってきたという（Blair, 2010）。しかし、人々はたんに不満を述べるだけでなく、情報過多に対処する方法を編み出してきた。タイトルページ、用語索引、名詩選（florilegia）が生み出され、また19世紀半ば以来の雑誌の成長と平行して索引・抄録サービスが成長し、現代のデータベース検索に繋がっている。学習や研究に必要な情報の中には、Google等の一般的な検索エンジンでは決して見つけられないものが数多く含まれる。是非、図書館の提供するデータベース検索等のサービスを活用していただきたい。

　一方で、古代から続く情報活用の有効かつ典型的な方法は、"ars longa, vita brevis"（技術は長し、人生は短し）という簡潔なラテン語で示されるものである。この言葉は、ヒッポクラテス（BC 460年頃〜370年）のものとされる箴言の一節に起源があるとされるが、ローマ

時代の倫理学者セネカ（AD 4年－65年）は、「人生は十分に長いが我々がその多くを贅沢と気の緩みに浪費してしまうので短く見えてしまう」とした。セネカは、彼の同時代人があまりに多くの本を集めることに時間とお金を費やすことに対し「多数の本は注意をそらせる」とし、その代わりに「常に定評のある著者の作品を読み、そして変化を強く望むときは，前に読んだ著者［の作品］に頼るべきである」としっかりとそして繰り返し読む限られた数の良書に集中するよう勧めたのである。

　セネカのこうした考え方は、ハーバート・サイモンの説く「関心の稀少性」に通じるものがある（Simon, 1996）。溢れかえるほど情報が豊富な時代にあって稀少なのは情報ではなく、情報を活用し有益な情報へと再生産するために必要な関心そのものであり、私たちは貴重な資源としての関心（すなわち、時間）を何にあてるべきかを、これまで以上に考えなければならない。

［引用文献］

Blair, Ann 2010. *Too Much to Know: Managing Scholarly Information before the Modern Age*. Yale University Press, c2010.; アン・ブレア（住本規子・廣田篤彦訳）『情報爆発—初期近代ヨーロッパの情報管理術—』（中央公論新社、2018年）

IDC, 2018. *The Digitization of the World: From Edge to Core: An IDC White Paper (#US44413318)*, Sponsored by Seagate. https://www.seagate.com/files/www-content/our-story/trends/files/idc-seagate-dataage-whitepaper.pdf

Cisco, 2019. Cisco Visual Networking Index（VNI）：予測とトレンド，2017–2022年．https://www.cisco.com/c/ja_jp/solutions/collateral/service-provider/visual-networking-index-vni/white-paper-c11-741490.pdf

Simon, Herbert A. 1996. *The Sciences of the Artificial*. 3rd ed. MIT Press, c1996; ハーバート・サイモン（稲葉元吉訳）『システムの科学　第3版』（パーソナルメディア、1999年）

東日本大震災と
東電福島第一原発事故

　私（岩本由輝）は2011年3月11日午後2時から、私にとって最後になる東
北学院大学全学教授会に出席していた。最後になるというのは、私は3月31
日に最終的には定年で東北学院大学を去ることになっていたからであるが、い
つも全学教授会が開かれる土樋キャンパス5号館会議室で窓際の席にすわって
いた。14時46分であったというが、これまで経験したことのない、縦揺れ
横揺れがごちゃまぜになったような本震に見舞われた。前の机や椅子はめちゃ
くちゃに会議室内を動きまわり、「窓際の先生方、内側にお寄り下さい」とい
う司会である学長の声が聞えたが、動くどころか、床にすわりこむのがやっと
であった。これが宮城県北部の北緯38.1度、東経142.9度の三陸沖を震源と
する東日本大震災であった。マグニチュードは9.0、震央での震度7といわれ
ているが、私が大学で経験したのは震度6弱ぐらいであったのではなかろうか。

　全学教授会の延期が決まったのち、帰宅のための交通状況を知るために土樋
キャンパスから仙台駅まで徒歩で行くことにした。駅までの経路には人影はあ
まりみられなかったが、南町通りなど地震による崩壊はまったくみられなかっ
た。途中で河北新報社の掲示板で沿岸部では津波が心配されるという掲示をみ
た。だが、仙台駅に着いてみると、破壊状況は目に余るものがあり、すでに駅
の構内に立ち入ることはできず、東北本線の上下、仙山線、仙石線はすべて不
通であった。私の利用する常磐線も不通になっており、回復の見込みなしとい
うことであった。

　結局、大学の避難所に戻って一夜を明かし、さらに岩沼の親族宅を経て東電
福島第一原発北方48km地点の自宅に着いたのは3月14日のことであった。
自宅では電気はついていたが、水道は完全に断水していた。だから、1kmば
かり離れた掘抜き井戸（上総掘りの手法で作られた自噴井戸）のある家まで18
ℓのポリタンクを持ち、日に何回も自転車で貰い水に通わなければならなかっ
た。1週間ほどして水道が復旧したらしく、近所では水が出たと喜んでいる。
しかし、私の家の蛇口からは1滴の水も出ない。そのうちに私の家の縁の下か
ら水が噴き出しているといわれ、ひと騒動となった。どうやら地震で水道管や

排水管などの水廻りがやられていたのに断水で気づかなかったのである。あわてて水道の自宅への取入れ口の元栓を締め、基礎屋に連絡して、翌朝、水道屋と一緒に縁の下を見てもらうと、地盤沈下で敷地が20～30cmほど陥没し、そのために水道管が割れたり、排水管が外れたりしているという。そう思ってみると、自宅の犬走りが地面から浮きあがってみえ、その分だけ地盤が下がっていたのである。わが家の敷地だけが地盤沈下したのかと思い、道路（旧国道113号線、新国道113号線の開通で市道に格下）に出てみると、路面のアスファルトが何となくうねっているようであり、あちこちに大きなひび割れができている。そして、地続きの林の尾根に行ってみると、結構大きな地割れが走っている。要するに、津波は来なかったが、丘全体が地盤沈下していたのである。

3月14日、自宅に戻ったとき、東電福島第一原発の爆発事故による放射性物質の飛散からどこに避難しようかという話が持ちあがっていた。爆発事故を起した東電福島第一原発から48km離れている私の自宅周辺でもみな浮き足立っていた。大阪に住む長男も家族を大阪に避難させるよう言って来てくれていた。そして、私の隣組21軒のうち、18軒がすでに避難して不在になっていた。しかし、大阪に避難させるといっても鉄道が不通であり、仙台空港も津波の被害で閉鎖されていたのでそれも利用できない。それともう1つ、私の第2次世界大戦中の疎開体験が孫を避難させることをためらう気持ちを起こさせた。私には1944年3月13日、国民学校入学を直前に祖父の生家である福島県相馬郡大野村（現相馬市）に縁故疎開をした際に、何かにつけて「ソカイ、ソカイ」と異質なものとして扱われた体験があるからである。

3月20日ごろになると、避難した18軒のうちほとんどが全員あるいは家族の一部を残して帰って来た。私の家が避難しなかったことを褒められたが、「何、びっくらこいて腰を抜かして動けなかっただけよ」と言っておくことにした。帰って来た人の話を聞いてみると、「はじめ山中（福島県相馬郡飯舘村）さ行ったけれど、すでに避難者で一杯で炊き出しの握り飯をもらっただけで、伊達市や福島市、郡山市、二本松市に行っても一晩ぐらい泊めて貰えたが、30km地点の外側の相馬市の人たちは自主避難だといって正式の避難者として扱って貰えなかった」という目に遭って、会津から新潟市まで行って戻って来た人もいた。途中で放射線値を確かめると、飯舘村はもとより福島県の中通り

地方の放射線値が相馬より高かったし、自主避難ということで受け入れてもらえないと、温泉場に泊まらなければならず、持ち合わせの金も心細くなって帰って来たという有様であった。

　まもなく隣組21軒はもとどおりとなった。依然としてきちんとした対策が定められないまま3月がすぎ、4月7日頃には、東電福島第一原発から10kmまでの範囲で自主避難を避難と追認するとの判断がなされた。双葉郡大熊町・双葉町・浪江町・富岡町・葛尾村・川内村などがそれに相当するようであったが、自主避難についていえば10kmを超えて30kmぐらいまでの住民が避難しており、縁故の関係もあってか48km地点の私の自宅の周辺にもどこからと確認しなかったけれどもしばらくの間、避難者が入って来た。

　4月10日に入ると、計画的避難区域ということばが取り沙汰されるようになる。4月11日16時10分には、福島第一原発から20km圏の外側で放射性物質の累積値が高い地域を計画的避難区域にすると内閣官房長官枝野幸男が述べる。そのとき、枝野の念頭には計画的避難区域として相馬郡飯舘村があったようである。だが、私の自宅の周辺の農家では3月末から4月初めにかけて稲の種籾を播種のため水に浸していたところ、放射線の問題があってJAそうまから今年は稲の作付けができないかも知れないので種籾を水から引きあげるようにとの指示が出され、農家は大あわてをさせられた。

　私の同級生なども「俺たち百姓に米作らせねえでなんじょするつもりなんだ」といきどおっていた。4月22日、首相菅直人は東電福島第一原発から半径20km圏内の警戒区域、計画的避難区域、緊急時避難準備区域の稲の作付制限を福島県知事佐藤雄平に指示する。これを待っていたかのように、原発から半径30km圏を超えたところにあたる相馬市域ではビニールハウスの苗圃に種籾の播種がなされたが、「一度水に浸したものをあげてむしろのうえで乾かした種籾を蒔いてもどんな米になるものやら」と浮かない顔をしていた。苗圃の苗は順調に育ったようであるが、だれもそれを口にはしなかったけれども、固唾を呑んで見守っていることがあった。それは5月11日に天皇・皇后（現上皇・上皇后）が相馬を訪れることになっていたからである。もし何らかの理由で天皇・皇后の訪問が中止されたら、理由は何と説明されようとも相馬の放射線値が危険な水準にあることの証明になるわけで、その場合、苗は全部捨

て、稲作中止を覚悟しなければならなかったからである。5月11日、天皇・皇后は来相し、小雨のなか、津波被災地の原釜・尾浜を傘をさして視察しているのがテレビで確認できたので、夕方の犬の散歩中に会った私の同級生は「あしたから田植だ」と張り切っていた。天皇・皇后の来訪がこうした形で迎えられたのは異例のことであろう。

　5月12日、私の同級生だけではなく、集落全体、相馬を挙げて一斉田植ということに相成った。例年ならゴールデンウィーク前に終わる田植が半月近く遅れた勘定になる。なお、その年の田植は原発から30kmを超えたところであったということで、それがちょうど相馬市と南相馬市との境界線にあたるので、出穂期に両市にわたる八沢浦干拓の水田を丘の上からみると、稲の植わっているところが相馬市、稲は植えられないで、それでもきちんと整地されているところは南相馬市という異様な景色を確認することができた。田植後、7月下旬に低温の日が続いたが、稲の生育は順調で、8月中旬の出穂期には例年よりも草丈があるように見受けられた。いつもの年だと8月下旬になると、JAそうまが1枚1枚の圃場に刈取の適期を示す標札を立てるが、9月10日を過ぎても立てられないので、同級生に「田植が遅れたからか」と聞いたら、「県によるセシウム検査が終らないうちは刈りたくても刈れないんだ」ということであった。素人の私がみても過熟状態の稲穂は雨が降れば発芽し兼ねないので同級生はイライラしていた。

　9月20日を過ぎたところで、二本松市の水田でセシウムの暫定基準値をわずかに上回る圃場がみつかり、同級生を青ざめさせることになる。検査が厳しくなって刈取がさらに遅れたが、9月28日、相馬市は刈取り可という調査結果が出たので、9月29日、同級生は刈取りを行い、その新米を10月3日、私に届けてくれた。同級生にとって複雑な感情がこもった新米であったろうが、その晩、私の家族はその新米を炊いてさっそく頂戴した。翌朝、私が「やはり新米はうまかったよ」というと、同級生は「相馬産ということでは売れっかな」と顔を曇らせた。収穫が終われば終ったで、次々と心配が出てくるわけで、つくづくと「除染、除染といってるけど、風評の除染はどうなってんだ」といわれると、適切な返事ができなかった。絆とか、日本は一つとその頃もしきりに言われていたことばが空しく響くばかりであった。

ところで4月22日に稲の作付制限をめぐって設定された警戒区域、計画的避難区域、緊急時避難準備区域は7月20日頃までに確定されたようにみえたが、就任後、7月3日に東電福島第一原発を視察した原発担当大臣細野豪志（ほそのごうし）は緊急時避難区域を広くとりすぎたと判断したとみえ、7月9日に福島県知事佐藤雄平に緊急時避難準備区域の解除の方向を打診しているのは注目される。そして、7月16日には政府として緊急時避難区域に指定されている福島県の自治体に区域の縮小を8月には始めると伝えている。原発担当大臣の細野は、7月31日、福島県知事の佐藤に緊急時避難区域の解除について「早い段階」で「結果を政府として出したい」と述べている。8月9日には、原子力災害対策本部が緊急時避難準備区域を9月上旬にも指定を解除する方針を決定する。8月26日、首相菅直人が辞任を表明する。これを承けて8月29日に行われた民主党代表選挙では決戦投票の結果、野田佳彦（のだよしひこ）が菅内閣の経産大臣海江田万里（かいえだばんり）を破って当選し、8月30日に国会で首相に選出される。9月2日に野田内閣が発足し、震災復興と原発対策を最優先課題とするとした。9月8日、首相の野田は就任後初の福島県入りをし、東電福島第一原発を訪れ、そのあと、福島県庁で知事の佐藤と会談し、「福島の再生なくして元気な日本の再生はない」と述べる。そして、9月30日、野田政権は原子力対策本部において緊急時避難準備区域を一斉に解除することを決め、即時解除が行われたが、野田内閣は何もやらないまま、というかやれないままに、2012年12月16日の衆議院議員選挙で自民党の獲得した294議席に対して、民主党は57議席と惨敗し、12月26日に自民党の安倍晋三（あべしんぞう）内閣を成立させている。

　ところで、震災といえば復興ということになるが、その被害は東日本、とりわけ東北地方太平洋岸において大きかった。さらに東日本大震災の場合には、地震・津波に加えて東電福島第一原発の爆発事故という凶悪な人災事故が加わった。

　私の家のある福島県相馬地方は、東電福島第一原発のある大熊町・双葉町を中心にして警戒区域、計画的避難区域、緊急時避難準備区域が設定され、復興どころか、立入りが禁止されたり、夜間の居住を禁止されるところが出ていた。だから地域として復興ということばを口にするのがためらわれる雰囲気があったことは否めない。そのなかでとくに福島県相馬郡飯舘村は数奇な経験を

することになる。震災当日は沿岸部からの避難民を受け入れ、婦人会を中心に炊き出しに動員された。それでも阿武隈山中であったから、津波の害を受けなかったことを自分たちの幸運として炊き出しなどに奮闘することができたが、警戒区域、計画的避難区域、緊急時避難区域が設定されると、放射線値が高いところということで村の最東南端の長泥が警戒区域に組みこまれ、残りの全村が計画的避難区域とされたことから、村民全員が村内に住めなくなり、避難民となり、居住の場を求めて四苦八苦することになる。「あの頃は俺たちに炊き出しやってくれるところはなかったなー」と彼らは言う。

　最近になって警戒区域とされた町村でその解除が行われ始めたが、浪江町・葛尾村・富岡町・南相馬市小高区でも解除後、籍はあっても帰ってこない人が多いようである。それでも2020年3月には大熊町・双葉町でも解除されることになっているが、その前途は決して明るいものではない。震災から9年になろうとしている年月は長い。避難した人たちも避難先でそれぞれ生活を営んでいるわけで、震災の年、小学校に入学した児童も、いまや高等学校への進学を目の前にしているのである。

　なお、震災以来、不通になっていたJR常磐線は2020年3月14日の時刻表改正で最後の不通区間である富岡一浪江間が開通し、東京一仙台間の特急が復活することになる。

[参考文献]
岩本由輝『東北開発一二〇年』（刀水書房、初版1994年、増補版2009年）
岩本由輝編『歴史としての東日本大震災―口碑伝承をおろそかにするなかれ―』（刀水書房、2013年）
岩本由輝「東北開発と原発事故をめぐって」（松本武祝編『東北地方「開発」の系譜―近代の産業振興政策から東日本大震災まで―』明石書店、2015年）
岩本由輝「近代東北の『開発』と福島原発事故」（東北史学会・福島大学史学会・公益財団法人史学会編『東北史を開く』山川出版社、2015年）
岩本由輝「東電福島第一原発に大熊町と双葉町が睥睨されるまで―設立経緯と内包された問題―」（日本村落研究学会企画・植田今日子編『災害と村落』農山漁村文化協会、2015年）

執筆者紹介　生年／現職（執筆担当）

佐川正敏（さがわ　まさとし）
1956 年／東北学院大学文学部歴史学科教授（Ⅰ-1・2）
「日本の旧石器文化」（白石太一郎編『倭国誕生』日本の時代史 1、吉川弘文館、2002 年）
「東北への仏教の伝来と寺院造営・瓦生産」（熊谷公男編『蝦夷と城柵の時代』東北の古代史 3、吉川弘文館、2015 年）

辻　秀人（つじ　ひでと）
1950 年／東北学院大学文学部歴史学科教授（Ⅰ-3・4）
『東北古墳研究の原点　会津大塚山古墳』（新泉社、2006 年）
『古代倭国北縁の軋轢と交流』（季刊考古学別冊 24、雄山閣、2017 年）

永田英明（ながた　ひであき）
1965 年／東北学院大学文学部歴史学科教授（Ⅰ-5・6・7）
『古代駅伝馬制度の研究』（吉川弘文館、2004 年）
「城柵の設置と新たな蝦夷支配」（熊谷公男編『蝦夷と城柵の時代』東北の古代史 3、吉川弘文館、2015 年）

七海雅人（ななみ　まさと）
1968 年／東北学院大学文学部歴史学科教授（Ⅱ-1・2・3）
「板碑造立の展開と武士団」（中島圭一編『十四世紀の歴史学』高志書院、2016 年）
「武士の政権の成立と岩沼の周辺」（『岩沼市史　通史編 1　原始・古代・中世』宮城県岩沼市、2018 年）

竹井英文（たけい　ひでふみ）
1982 年／東北学院大学文学部歴史学科准教授（プロローグ、Ⅱ-4・5、Ⅲ-1・2）
『織豊政権と東国社会』（吉川弘文館、2014 年）
『戦国の城の一生』（吉川弘文館、2018 年）

菊池慶子（きくち　けいこ）
1955 年／東北学院大学文学部歴史学科教授（Ⅲ-3・4・5・8）
『近世の女性相続と介護』（筆名 柳谷慶子、吉川弘文館、2007 年）
『江戸時代の老いと看取り』（同、山川出版社、2011 年）

榎森　進（えもり　すすむ）
1940 年／東北学院大学名誉教授（Ⅲ-6・7）
『増補改訂 北海道近世史の研究』（北海道出版企画センター、1997 年）
『アイヌ民族の歴史』（草風館、2007 年）

岩本由輝（いわもと　よしてる）
　1937 年／東北学院大学名誉教授（Ⅳ-1・2・8・9、特論）
　『近世漁村共同体の変遷過程―商品経済の進展と村落共同体―』（御茶の水書房、
　1977 年）
　『東北開発一二〇年』（刀水書房、初版 1994 年、増補版 2009 年）

河西晃祐（かわにし　こうすけ）
　1972 年／東北学院大学文学部歴史学科教授（Ⅳ-3・4）
　『大東亜共栄圏―帝国日本の南方体験―』（講談社、2016 年）
　『帝国日本の拡張と崩壊―「大東亜共栄圏」への歴史的展開』（法政大学出版局、
　2012 年）

加藤幸治（かとう　こうじ）
　1973 年／武蔵野美術大学教養文化・学芸員課程教授（Ⅳ-5・7・10）
　『渋沢敬三とアチック・ミューゼアム―知の共鳴が創り上げた人文学の理想郷―』（勉
　誠出版、2020 年）
　『郷土玩具の新解釈―無意識の"郷愁"はなぜ生まれたか―』（社会評論社、2011 年）

政岡伸洋（まさおか　のぶひろ）
　1964 年／東北学院大学文学部歴史学科教授（Ⅳ-6・11）
　『仙台の祭りを考えるための視点と方法―民俗学の立場から―』（大崎八幡宮、2010
　年）
　「東日本大震災と「イエの継承・ムラの存続」―宮城県本吉郡南三陸町戸倉波伝谷
　の場合―」（『村落社会研究』54、2018 年）

谷口　満（たにぐち　みつる）
　1950 年／東北学院大学文学部歴史学科教授（コラム 1）
　「応門から闇闔門へ―中国都城の門朝城郭構造研究序説―」（『東北大学東洋史論集』
　12、2016 年）」
　「先秦時期襄陽地区交通与文化上的地位」（『秦漢魏晋南北朝史国際学術研討会論文集』
　中国社会科学出版社、2018 年）

小沼孝博（おぬま　たかひろ）
　1977 年／東北学院大学文学部歴史学科教授（コラム 2）
　『清と中央アジア草原―遊牧民の世界から帝国の辺境へ―』（東京大学出版会、2014 年）
　「遊牧民とオアシスの民、そして交易―モグール・ウルスからジューンガルへ―」（野
　田仁・小松久男編著『近代中央ユーラシアの眺望』山川出版社、2019 年）

櫻井康人（さくらい　やすと）

1971 年／東北学院大学文学部歴史学科教授（コラム 3）

『図説　十字軍』（河出書房新社、2019 年）

ロドニー・スターク『十字軍とイスラーム世界―神の名のもとに戦った人々―』（翻訳、新教出版社、2016 年）

楠　義彦（くすのき　よしひこ）

1960 年／東北学院大学文学部歴史学科教授（コラム 4）

「一五八〇年ロンドン地震と神罰」（『史林』96 巻 1 号、2013 年）

「魔女とともに生きる」（阪本浩・鶴島博和・小野善彦編『ソシアビリテの歴史的諸相―古典古代と前近代ヨーロッパ―』南窓社、2008 年）

杵淵文夫（きねふち　ふみお）

1980 年／東北学院大学文学部歴史学科准教授（コラム 5）

「世紀転換期ドイツとオーストリアにおける中欧構想」（『ヨーロッパ文化史研究』第 21 号、2020 年）

下倉　渉（しもくら　わたる）

1966 年／東北学院大学文学部歴史学科教授（コラム 6）

『中国ジェンダー史入門』（共著、京都大学学術出版会、2018 年）

渡辺昭一（わたなべ　しょういち）

1953 年／東北学院大学文学部歴史学科教授（コラム 7）

『コロンボ・プラン』（編、法政大学出版局、2014 年）

『冷戦変容期の国際開発援助とアジア』（編、ミネルヴァ書房、2017 年）

佐藤義則（さとう　よしのり）

1955 年／東北学院大学文学部歴史学科教授（コラム 8）

「電子ジャーナルの利用」（日本図書館情報学会研究委員会編『電子書籍と電子ジャーナル』勉誠出版、2014 年）

「e-Science と大学図書館―研究データサービスへの対応―」（『情報の科学と技術』63 巻 9 号、2013 年）

大学で学ぶ 東北の歴史

2020年(令和2)10月1日　第1刷発行

編　者　東北学院大学文学部歴史学科

発行者　吉 川 道 郎

発行所　株式 吉川弘文館
〒113-0033 東京都文京区本郷7丁目2番8号
電話 03-3813-9151〈代表〉
振替口座 00100-5-244
http://www.yoshikawa-k.co.jp/

印刷・製本・装幀＝藤原印刷株式会社

© Department of History, Faculty of Letters,
Tōhoku Gakuin University 2020.
Printed in Japan
ISBN978-4-642-00834-1